Was macht unsere Sprache mit uns? Warum sagen wir vieles nicht so, wie wir wollen, sondern fehlerhaft, mit Übertreibungen, Auslassungen, vagen Sätzen, falschen Worten? Warum gilt das insbesondere für unsere Erzählungen? Warum hat es eine solche Bedeutung, *wie* wir unsere Erlebnisse erzählen, obwohl wir doch scheinbar reden können, wie's uns paßt? Nehmen wir mehr wahr, als wir wahr haben möchten? Und, falls ja: Was zwingt uns, dieses »Mehr« auch auszudrücken? Ist es die »Wahrheit«? Woher käme sie? Warum hat der Begriff eine solche Bedeutung für uns, und warum tun wir uns mit ihm so schwer?

Man kann das Wort »Wahrheit« auch vermeiden. Nach einem kaum widerlegbaren Diktum von Nietzsche gibt es keine Wahrheit, nur Interpretationen[1]. Aber: Es gibt doch Interpretationen von sehr unterschiedlichem Wert. Worin besteht der Wert? Worin der Unterschied? Und, um hier versuchsweise die »Wahrheit« durch den Begriff »treffende Deutung« zu ersetzen: Kann es also sein, daß unsere Sprache tatsächlich eine Tendenz zu dieser treffenden Deutung hat, womit ich mit »uns« nicht nur Logiker und Philosophen meine, sondern auch Leute, die über Sprache noch nie nachgedacht haben, und sogar notorische Lügner?

Der vermeintliche »Eigensinn« der Sprache fasziniert mich, seit ich bewußt denken kann. Ich erlebe ihn täglich, beim Zuhören wie beim Lesen, beim Reden und Schreiben. Beim Lesen, wenn ich einen Autor in seinen Sätzen, seiner Wortwahl, seinem Duktus zu erkennen meine, als säße er leibhaftig vor mir. Beim Schreiben, wenn ich in meiner eigenen Sprache Möglichkeiten oder Defekte erkenne, von denen ich nichts ahnte; und natürlich, wenn meine Sätze mich nachts wecken und Korrekturen anbieten, als wollten sie besser werden. Mir schien immer, die Sprache sei unbestechlich, und nur unsere individuellen Grenzen (Zeit, Faulheit, Verstandesschwäche, Angst) hinderten uns daran, ihre Weisheit wahrzunehmen.

Eines Tages fragte ich mich, ob man all das nicht genauer beschreiben könne. Dieses Buch ist das Resultat.

Es teilt sich in einen kurzen »theoretischen« und einen längeren »praktischen« Teil. Auch der theoretische Teil entspringt der Praxis, er geht von meiner künstlerischen Erfahrung aus und setzt entsprechende Akzente.

Der praktische Teil ist die Probe aufs Exempel: Eine Wahrheit des Erzählens findet man nur in konkreten Erzählungen. Ich suchte mir einige nach Thema oder Stil möglichst vertrackte Bücher unterschiedlichen Niveaus heraus. Der besseren Verständlichkeit wegen waren es deutschsprachige Erzählungen der letzten Jahrzehnte, und zwar *Der Vater eines Mörders* von Alfred Andersch (1980), *Mein Leben* von Marcel Reich-Ranicki (1999), und *Die Blechtrommel* von Günter Grass (1959). Alle drei waren bei Kritik wie Publikum höchst erfolgreich und haben sich hunderttausendfach verkauft. Auch das war mir wichtig: Man muß sie nicht gelesen haben, um meine Argumentation zu verstehen – ich zitiere ausführlich –, aber wer sie kennt, kann meine Analyse mit mehr eigenen Eindrücken vergleichen.

Ich spreche über Grundlagen des Erzählens, aber jedes Buch hat auch ein aufwühlendes Thema, enthält viel Stoff und wirft Fragen auf, die über Stil und Struktur hinaus gehen. Ich stelle mich diesen Fragen, da ohne sie mancher Sprachknoten nicht zu erklären ist. Dabei agiere ich zwangsläufig subjektiv, also geprägt von meiner eigenen Kunst, Herkunft und Gegenwart. Ich habe das benannt, soweit es mir bewußt war. Wo nicht, wird es für andere an meiner Sprache ablesbar sein.

Petra Morsbach

Warum Fräulein Laura freundlich war

Petra Morsbach

Warum Fräulein Laura freundlich war

Über die Wahrheit des Erzählens

Piper München Zürich

Diese Arbeit wurde vom Internationalen Künstlerhaus
Villa Concordia, Bamberg, und vom Herrenhaus Edenkoben
gefördert.

ISBN-13: 978-3-492-04837-8
ISBN-10: 3-492-04837-4
© 2006 by Petra Morsbach
Gesetzt aus der Aldus Antiqua
Satz: Satz für Satz. Barbara Reischmann, Leutkirch
Druck und Bindung: Clausen & Bosse, Leck
Umschlagestaltung und Konzeption: R·M·E
Roland Eschlbeck und Kornelia Bunkofer
Umschlagillustration: Kornelia Bunkofer
Printed in Germany

www.piper.de

Mein Buch richtet sich nicht in erster Linie an Literaturspezialisten, sondern an alle, die gern zuhören und erzählen, an Schreibende, die ähnliche Fragen haben, an Leser, die es genauer wissen wollen, und an alle, die sich angerührt fühlen von der Klarheit und dem Geheimnis unserer Sprache.

I. »Die Beweislast für meine Unschuld ist erdrückend«
Über die Wahrheit der Sprache

Beispiel

Es gibt in der *Selbstbiographie* von Franz Grillparzer (1791–1872) eine bestürzende Stelle. Eine Magd hatte »nach Mitternacht und gegen Morgen« den jungen Mann durch Klopfen geweckt, er möge »um Gotteswillen« hinüberkommen,

> da die gnädige Frau durchaus nicht ins Bett zurückgehen wolle. Ich eilte ins Zimmer meiner Mutter und fand diese halb angekleidet an der Wand zu Häupten ihres Bettes stehend. Ich beschwor sie, sich keiner Verkältung auszusetzen und sich wieder niederzulegen, erhielt aber keine Antwort. Ich faßte sie an, um allenfalls ihrer Schwäche nachzuhelfen, da, bei dem Scheine des von der Magd gehaltenen Lichtes, sehe ich ihre Züge starr und leblos. Ich hielt meine Mutter tot in meinen Armen. Wahrscheinlich war ihr während der Nacht der Gedanke wiedergekommen in die Kirche zur Kommunion zu gehen. Während sie sich ankleiden wollte, traf sie ein Schlagfluß, wobei ihr Rücken gegen die Mauer lehnte, während ihre Knie sich gegen den vor ihr stehenden Nachttisch stemmten, so daß sie aufrecht im Tode dastand. Das Entsetzen dieses Moments läßt sich begreifen. Da aber vielleicht noch Hilfe möglich sein konnte, befahl ich den Mägden die Frau ins Bette zu bringen und eilte augenblicklich fort nach dem Arzte, der mir auch ebenso schnell

> *folgte. Als wir kamen, hatten sich die dummen Weibsbilder nicht getraut die Tote anzufassen und sie stand immer noch neben ihrem Bette. Wir brachten sie in dieses, wobei aber sogleich der Arzt erklärte, daß hier von einer Hilfe keine Rede mehr sei.*[2]

Nicht nur die Szene selbst, auch der Widerspruch zwischen Inhalt und Duktus der Erzählung ist unheimlich. Der Inhalt erstaunt: Tote lehnen nicht an der Wand. Der Duktus aber ist sorgfältig, nüchtern, von fast stoischem Realismus. Was steckt hinter diesem Trauma im Kanzleistil?

Sehen wir genauer hin. Warum soll der Sohn »um Gotteswillen« hinüberkommen, wenn die Mutter bloß nicht ins Bett will? Wie kann ein »Nachttisch« das Gewicht eines Menschen auffangen? Und sinken Sterbende nicht in sich zusammen, anstatt steif stehen zu bleiben? Weiter: Warum legt der Sohn die Mutter, die er schon in seinen Armen gehalten hatte, nicht selbst ins Bett? Warum unterläuft in diesem Zusammenhang ihm, der insgesamt eher einen bürokratischen Stil pflegt (»Wir brachten sie in dieses«), der aggressive Ausrutscher gegen die Mägde (»dummen Weibsbilder«)?

Was weiß der Leser bis dahin über die Mutter? Sie war früh verwitwet und arm, ein Sohn hatte sich umgebracht. Kurz vor dieser Szene heißt es, sie habe in letzter Zeit »gekränkelt«.

> *Sie hatte ihr achtundvierzigstes Jahr erreicht und befand sich auf dem gefährlichen Punkt wo die weibliche Natur einen großen Umschwung erleidet.*

Ein Hinweis auf Wechseljahre?

> *Trotz des Beistandes eines sehr geschickten Arztes, verschlimmerte sich ihre Krankheit von Tag zu Tag, sie konnte endlich das Bette nicht mehr verlassen, ja es stellte sich periodenweise eine eigentliche Geistesverwirrung ein.*

Depression?

> *In diesem Zustande begehrte sie, da die österliche Zeit heranrückte, aufzustehen und zur Kommunion zu gehen, obschon sie sonst gerade nicht sehr religiös gestimmt war.*

Schuldgefühl?
Der Arzt jedenfalls rät nicht nur vom Kirchenbesuch, sondern auch von der Kommunion im Hause »wegen der damit verbundenen Aufregung« ab. »Sie könnte, meinte er, sich und andern zur Qual in ihrem gegenwärtigen Zustande noch mehrere Jahre leben.« Spricht das nicht sogar für eine schwere seelische Erkrankung?

> *Um sie zu beruhigen, versprach ich ihr nächsten Tages den Priester mit dem Allerheiligsten holen zu lassen, indem ich hoffte, daß bis dahin sich ihre Besinnung wieder hergestellt haben würde. Und so legte ich mich zu Bette.*

Wenige Stunden später wird der Sohn von der Magd geweckt.
Eine weitere Auffälligkeit: Warum findet diese hochemotionale Situation in der Erzählung keinen direkten Ausdruck (»Das Entsetzen dieses Moments läßt sich begreifen«)? War dem Dichter die Mutter gleichgültig? Nein, eher das Gegenteil, lesen wir auf der nächsten Seite:

> *Was ich empfand könnte nur derjenige beurteilen, der das, ich möchte sagen, Idyllische unsers Zusammenlebens gesehen hätte. Seit ich nach dem Versiegen ihrer eigenen Hilfsquellen allein die Bedürfnisse des Hauses bestritt, vereinigte sich für sie in mir der Sohn und der Gatte. Sie hatte keinen Willen als den meinigen, mir fiel aber auch nicht ein einen Willen zu haben, der nicht der ihrige gewesen wäre. Alles Äußerliche überließ ich ihr*

*blindlings, wogegen sie sich aber auch allen Einmengens
in meine Gedanken, Empfindungen, Arbeiten und Über-
zeugungen gleicherweise enthielt.*

Es gibt nur einen einzigen, aber um so stärkeren Hinweis auf
die Erregung des Sohnes in dieser Szene: Nachdem er die Mutter schon tot in den Armen gehalten hatte, rennt er hinaus,
einen Arzt zu holen, da »vielleicht noch Hilfe möglich sein
konnte«. Man kann das als Schockreaktion verstehen. Aber als
der Dichter die Szene aufschrieb, waren über dreißig Jahre ver-
gangen. Was war so unerträglich, daß es sein Verstandeswissen
noch nach Jahrzehnten außer Kraft setzte, als wäre die Katastrophe nie verarbeitet worden? Was war an ihr so unbegreiflich, daß die Mutter, in einer phantastisch symbolisierenden
Verarbeitung, immer noch wie eine Untote in des Sohnes Erinnerung »neben ihrem Bette stand«?

Die Nachforschung ergibt: Die Mutter hatte sich erhängt[3].
Offenbar brachte Grillparzer es auch dreißig Jahre später nicht
über sich, diese Tatsache beim Namen zu nennen. Möglicherweise haben Trauma und Schuldgefühl seine Erinnerung teilweise gelöscht, und was wir lesen, ist die aufrichtigste Darstellung, die er geben konnte. Ich glaube nicht, daß er bewußt
gelogen hat. Die Autobiographie dieses zerrissenen, bitteren,
zwanghaften Menschen ist ein Dokument skrupulöser Selbst-
erforschung. Gerade ihre Lakonie und Sachlichkeit machen ihre
Intensität aus, und ihr literarischer Rang steht außer Zweifel,
auch wenn sie eigentlich als Sachtext konzipiert wurde. Grillparzer begann die Niederschrift 1853 auf Anfrage der Wiener
k.u.k. Akademie der Wissenschaften, kam in seiner Schilderung aber nur bis zum Jahr 1838, in dem er mit seiner philosophischen Komödie *Weh dem, der lügt* durchfiel und sich aus
dem literarischen Leben zurückzog. Das Manuskript wurde in
seinem Nachlaß gefunden und postum 1872 veröffentlicht.

Hätte Grillparzer geschrieben: »Meine Mutter verstarb
am … an einem Schlaganfall«, hätte niemand das in Frage ge-

stellt. Denn eine standardisierte Feststellung bietet, wenn man den Kontext nicht kennt, keinen Anlaß zum Zweifel. Dadurch, daß der Autor die Geschichte *erzählte*, hat er die Spur gelegt. Kein Außenstehender hat ihn gezwungen. Er tat das anscheinend Notwendige: Er faßte das Trauma in eine Form, in der er es gerade noch ertrug. Es war die genaueste Deutung, zu der er im Augenblick des Erzählens von sich aus fähig war. Und nicht, daß er die Wahrheit verschleiert, ist das Frappierende, sondern daß er sich selbst des Verschleierns überführt. »Der Selbstverrat dringt den Menschen aus allen Poren«, sagte Siegmund Freud[4]. Man kann es auch anders formulieren: Vielleicht gibt es etwas im Menschen, das ihn, oft sogar gegen seinen Willen, zur Wahrheit drängt?

Wahrheit?

Mit Wahrheit meine ich die Erkenntnis der eigenen Situation. Da unsere Situation von innerem Erleben ebenso bestimmt wird wie von äußeren Fakten, hat jede Wahrheit eine stark subjektive Komponente. Fakten und Erleben bedingen einander und können gleichzeitig Quelle schwerer Konflikte sein. Diese Konflikte bearbeitet der Mensch mit Hilfe der Sprache. Hauptziel der Bearbeitung ist für ihn, seine Biographie so zu deuten, daß er in seiner Umwelt handlungsfähig bleibt. Um dieser Handlungsfähigkeit willen geht er bei seiner Deutung gelegentlich Kompromisse ein, wie Grillparzers Bericht zeigt. Allerdings sind der Deutungswillkür Grenzen gesetzt: Der Mensch kann verdrängen, er kann lügen – beides tut er oft –, aber er wird dadurch die Probleme nicht los. Anscheinend gibt es etwas in ihm, das nach Objektivität strebt und die tiefere Klärung der Situation verlangt. Das ist es, was ich Wahrheit nennen möchte. Sie setzt sich meist nicht durch, aber sie spielt immer mit. Ihr Instrument ist die Sprache, und ihr wirksamstes Genre ist die Erzählung, wie ich im Folgenden zeigen möchte.

Wir Menschen, das unterscheidet uns vom Tier, deuten unser Leben, und zwar ununterbrochen. Wir deuten, indem wir uns selbst oder anderen erklären, was wir erlebt haben, wie wir es sehen und wie wir daraufhin handeln wollen oder auch nicht. Unsere Deutung, auch die bescheidenste, muß dem Vergehen der Zeit Rechnung tragen, deshalb ist das Basisverfahren unserer Deutung das Erzählen. Wir wollen und müssen wissen, wer wir sind und woran wir sind, denn von unserem Selbst- und Weltverständnis hängt in gewissem Maß unsere Handlungsfähigkeit ab, also auch unser Schicksal.

In der Praxis haben wir freilich erhebliche Schwierigkeiten mit der Wahrheit. Zum Beispiel individuelle: Schon als ganz kleine Kinder möchten wir geliebt werden. Davon hängt gerade in diesem Stadium unser Überleben ab, das bestimmt unsere ersten Gedanken. Die notwendige Fiktion eines liebenswerten, zumindest annehmbaren Ich wird uns durch unser weiteres Leben begleiten. Unsere ersten, kindlichen Deutungen folgen schlichten Mustern: Es gibt den erlebenden Helden (uns) und eine Reihe guter oder böser Nebenfiguren, die ausschließlich auf uns bezogen sind. Aber mit den Jahren wird alles komplizierter. Wir machen erschreckende, peinliche, angstauslösende Erfahrungen. Wir können uns helfen, indem wir sie erzählen. Gern erzählen wir sie so, daß wir bei anderen Trost und Bestätigung finden. Trost und Bestätigung sind so wichtig, daß wir um ihretwillen gelegentlich von den Fakten abweichen. Dabei kollidiert unser Wahrheitsbedürfnis mit unseren Selbst-Fiktionen. Auch dieses Phänomen wird uns durch unser Leben begleiten. Vielleicht erlangen wir durch den »abweichenden« Bericht den erwünschten Trost, aber die Beruhigung ist nur oberflächlich, denn wenn man's falsch erzählt, gilt der Trost ja nicht einem selber, sondern der Lüge. Schlimmstenfalls nimmt die Bedrückung noch zu, so daß man die Geschichte immer wieder und immer falscher erzählen muß, um noch kurzfristig Beruhigung zu spüren.

Man kann also ein Erlebnis auf mehr oder weniger »richtige« oder »falsche« Weise erzählen. Selten sind die Verhältnisse so eindeutig wie in Grillparzers Trauma-Geschichte, doch der Unterschied zwischen dem, wie man's erlebt hat, und dem, wie man's gern hätte, spielt immer eine Rolle. Wahrscheinlich kennt jeder von uns die Erfahrung, wie er sich beim Erzählen einer Alltagskrise mühsam, immer wieder blockiert von Stolz und Scham, stufenweise zu »richtigeren« Versionen durchrang. Vielleicht hat der eine oder andere sich unter Krämpfen dem angstbesetzten Kern des Problems angenähert und dort staunend Erleichterung gefunden, weil die tiefere, treffende Deutung, auch wenn sie nicht schmeichelhaft war, Einsicht in größere Zusammenhänge und neue Perspektiven, also Hoffnung, bot. Vielleicht hat er sich an dieser Stelle erstaunt gefragt, welche Katastrophe er eigentlich befürchtet hatte.

Vielleicht aber auch nicht. Vielleicht ist er viel früher umgekehrt. Denn die tiefere Deutung strapaziert etliche vermeintlich lebenswichtige Vorstellungen. Zunächst müssen wir uns von der Heldenperspektive trennen: Wir sind nicht das Zentrum der Welt, und die anderen handeln nicht auf uns zu, sondern jeder für sich. Das ist die erste Stufe. Wir sind nicht immer unschuldig an den Konflikten, in die wir geraten. Das ist die zweite Stufe. Und es kommt noch schlimmer: Wir sind nicht so gut, wie wir gern wären, nicht so liebenswert, nicht so schön, nicht so stark. Schließlich muß eine tiefe Deutung noch die Grundbedingung einer Existenz verarbeiten, die kurz, gefährlich, ungerecht und absurd erscheint und deren Sinn höchst ungewiß ist. Das gelingt unterschiedlich: Eine Deutung, die den einen erleichtert, kann den anderen in Wut und Verzweiflung stürzen und einem dritten schon als Ahnung unerträglich sein.

Zu den individuellen Schwierigkeiten mit der Wahrheit kommen die sozialen: Wir können nur in einem sozialen Umfeld überleben, streben als soziale Wesen einen Deutungskonsens an und wollen unsere Biographien koordinieren. Andererseits sind wir in der sozialen Alltagspraxis Partei: Wir müssen im eigenen Interesse handeln und deuten, uns etwa im Bewerbungsgespräch positiv darstellen, uns in Konflikten behaupten, unsere Privatsphäre schützen. Wir ahnen vielleicht, daß wir um eines hochwertigen sozialen Konsenses willen auf allzu egoistische Deutungen verzichten sollten, und befürchten gleichzeitig gesellschaftlichen und psychischen Schaden, wenn wir es tun.

Unser Verhältnis zur Wahrheit ist also ambivalent. Wir wollen einerseits möglichst genau wissen, woran wir sind, und andererseits doch lieber nicht. Wir sehnen uns nach der Wahrheit und fürchten sie. Wir spüren, daß Wahrheit Hoffnung bedeuten könnte, aber statt unsere Hoffnung der Wahrheit anzuvertrauen, unterwerfen wir lieber die Wahrheit unserer Hoffnung. Wir beugen die Wahrheit und werfen es uns vor. All diese Leidenschaften wirken mit elementarer Kraft auf uns ein, und all unsere Erzählungen sind von ihnen gezeichnet. Unsere Welt ist ein Chaos von mehr oder weniger bemühten und hilflosen, aber auch von wahnhaften, zynischen, betrügerischen Deutungen, ein Chaos, das nicht nur Lärm und Mißverständnisse bedeutet, sondern auch Ausbeutung und Krieg. Und nirgends gibt es einen übermenschlichen, von allen respektierten Schiedsrichter, der verbindlich sagte, welche Deutung die richtige wäre und welche nicht.

Traum und Kunst

Angesichts dieser Schwierigkeiten mag es wie ein Wunder erscheinen, daß überhaupt reiche und tiefe Deutungen möglich sind. Aber es gibt sie. Woher sie kommen, ist ein Rätsel. Wir haben eine Phantasie, die unabhängig von unserem strategisch wertenden Bewußtsein arbeitet und zum Beispiel im Traum, wenn das Bewußtsein geschwächt oder ausgeschaltet ist, unsere inneren Konflikte bearbeitet. Diese Phantasie kann es schaffen, im Traum unsere wunde Seele gleichzeitig zu konfrontieren und zu schonen, indem sie das Ich aufteilt und seine

Funktionen auf andere Objekte überträgt. An anderen Figuren kann man eigene Probleme leichter erkennen, da das Ego nicht direkt bedroht scheint. Wir sehen also, mehr oder weniger verschlüsselt, in einem verdichteten Szenario aus einem gewissen Abstand unsere Sache verhandelt. Das bedeutet noch nicht Rettung oder Heilung, ist aber bereits unentbehrliche Deutungsarbeit. Man kann Träume mit Worten deuten, um ihre Essenz auch dem analytischen Bewußtsein zugänglich zu machen. Aber schon der Traum selbst ist Deutung – die genaueste Deutung, zu der der Träumer im Augenblick des Traums von sich aus fähig ist.

Wir sehen als Träumende in einem verdichteten Szenario aus einem gewissen Abstand unsere Sache verhandelt: Das ist auch der Kern der Kunst. Was der Traum im Individuum leistet, leistet die Kunst im größeren sozialen Zusammenhang. Kunst ist auch Verständigung anhand fremder Erzählungen, die keiner anwesenden Partei dienen und folglich unabhängig sind. Wahrscheinlich hat das vor Tausenden Jahren mit Sagen und Heldengeschichten begonnen: Die Götter- und Heldengeschichten gehörten allen gleichermaßen und hatten enorme integrative Kraft. Sie wurden zunächst mündlich, dann schriftlich tradiert. Sie formten die Identität und erweiterten das Bewußtsein der Hörer, wurden fortgeschrieben, ergänzt, ersetzt und bekamen eine solche Bedeutung, daß eine eigene Berufsgruppe entstand: die der Schriftsteller.

Schriftsteller sind Menschen, die eine bestimmte Art des Deutens zu ihrem Beruf gemacht haben. Sie tun das, was jeder von uns tut, nur auf handwerklich höherem Niveau, da sie die Zeit, die andere Leute in der Fabrik, im Büro oder am Herd verbringen, auf die Entwicklung ihres Sprachvermögens und die Arbeit der Deutung sowie auf das Finden und Erfinden von Geschichten verwenden können. Idealerweise liefern die Schriftsteller Modellerzählungen, die präzis, überparteilich und konkret anhand fiktiver Schicksale unsere Gegenwart spiegeln. Idealerweise kann die literarische Deutung unsere Realität ohne

Rücksicht auf herrschende Ideologien schildern und, ohne jemanden bloßzustellen, zu unseren tiefsten Problemen und heimlichsten Phantasien vordringen. Sie lockt durch Intensität und ästhetische Qualität. Sie fängt individuelles Leben in seiner Vergänglichkeit ein. Eine geglückte Erzählung rührt immer auch an die tieferen Fragen unserer Existenz, so daß wir uns in ihr wiedererkennen, selbst wenn die beschriebene Epoche samt ihrem Personal längst untergegangen ist. Das ist Kunst.

Idealerweise ist die literarische Deutung frei, also im Gegensatz zu allen anderen Deutungen nicht von persönlichen Interessen gesteuert. In der Praxis aber haben Schriftsteller die gleichen Schwierigkeiten mit der Wahrheit wie alle anderen Menschen: Sie kämpfen um ihr Ego, hadern mit ihrem Schicksal, sind beschränkt und von Vorurteilen geprägt und wollen außerdem noch im sozialen Kontext bestehen, was unter anderem bedeutet, daß sie ihre Bücher verkaufen müssen. Die edelste und unabhängigste Deutung geht unter, wenn keiner sich dafür interessiert. Der Autor muß also ein Publikum fesseln, dessen Wahrheitseifer begrenzt ist. Die vielleicht größte Leidenschaft des Menschen ist sein Selbst. Erzählungen, die Größenphantasien bedienen (also den Leser zur Identifikation mit einem überhöhten Helden einladen), finden die breiteste Gegenliebe und beherrschen traditionell unsere Bestsellerlisten. Erzählungen mit Wahrheitsanspruch finden theoretisch den höchsten Respekt, so daß jede Kultur, die auf sich achtet, einen kleinen Kulturpool pflegt, in dem der Anspruch hochgehalten wird. Da einerseits auch hochgehaltener Anspruch das Ego bedient und somit korrumpiert, da andererseits aber die Sehnsucht nach Wahrheit auch im schlichtesten Genre immer wieder aufblitzt, gibt es alle erdenklichen Mischformen.

Auch in der Literatur also mag es wie ein Wunder erscheinen, daß reiche und tiefe Deutungen möglich sind. Aber es gibt auch sie, und verblüffenderweise herrscht über solche Einzelleistungen ein erstaunlicher Konsens über die Zeiten, Länder und Kulturen hinweg, was um so bemerkenswerter ist, als literarische Deutungen nur selten kurzfristig mit kommerzieller oder politischer Macht durchgesetzt werden können. Auch hier wirkt eine Phantasie, die unabhängig von unserem strategischen Bewußtsein arbeitet. Wir könnten sie, wie die des Traums, eine unzensierte kreative Deutung nennen, die unserem Wahrheitsstreben entspricht. Woher dieses Wahrheitsstreben kommt, wissen wir nicht. Aber es scheint, wie im individuellen Traum, einer Notwendigkeit der Seele zu entspringen. Unsere Tagträume werden von unseren Wünschen bestimmt, unsere Nachtträume von unseren Nöten. Die Bilder und Szenen der Nachtträume haben eine ganz andere Komplexität und Intensität als die der auf Lustgewinn zielenden Tagträume. Dieser Unterschied in Macht und Effekt wird den meisten Träumern bewußt sein. Ich denke, er macht den Unterschied zwischen guter und trivialer, also Wunscherfüllungs-Literatur, aus. Freilich sind auch hier die Übergänge fließend, es dominiert ein stark durchmischtes Mittelfeld. Der Autor vom unteren Ende der Skala, der vorsätzlich kalt die Instinkte des Publikums bedient, ist sicher nicht repräsentativ, denn alle Künstler begannen zumindest als Träumer. Der Künstler vom oberen Ende der Skala, der unbeeinträchtigt frei und traumhaft sicher mit klarem Verstand aus den Tiefen seiner Seele schöpft, ist noch seltener – falls es ihn überhaupt gibt.

Sprache und Wahrheit

Geleistet wird diese Differenzierung durch das erstaunliche Instrument der Sprache. Mit ihrer komplexen Grammatik, die keiner sich ausgedacht hat, mit ihrem Reichtum an Worten, Ebenen und Strukturen vermag sie alle bewußten und unbewußten Bereiche unseres Erlebens auszudrücken und enthält das ganze uns wahrnehmbare Rätsel unserer Existenz. Es ist verblüffend, wie viele Bezüge ein normaler gesprochener Dialog enthalten kann – weit über die ausgetauschten Informationen hinaus. Die Beziehung der Sprecher zueinander, ihre Absichten und Ansprüche, ihre Temperamente, ihr Verstand, Witz, Gefühl, all das ist in ihrer Rede verzeichnet. Der Bedeutungsunterschied zwischen den Sätzen »Ich weiß es nicht« und »Woher soll ich das wissen?« ist, bei gleicher Grundaussage, offenbar. Der psychische Hintergrund von Fehlleistungen wie »zum Vorschwein kommen« oder »… möchte auf das Wohl unseres Jubilars *auf*stoßen«[5] gehört seit Sigmund Freuds *Psychopathologie des Alltagslebens* zu unserem Allgemeinwissen. Immer wieder hören wir zauberhaft kreative Selbstaussagen: »… ein Glas Champagner aufmachen!« (Dr. Edmund Stoiber)[6], »Die Beweislast für meine Unschuld ist erdrückend« (Sektenführerin Uriella)[7]. Schon Standardwendungen (»Das ist mir runtergefallen«) sagen meist mehr, als der Sprecher glaubt. Und ganz normale Wörter wie Ent*täuschung* und Ver*sehen* können erstaunlich hintergründig sein: als hätte, da wir sie erfanden, eine Weisheit in uns gewirkt, derer wir uns gar nicht bewußt waren.

Erzählen und Wahrheit

Aufs Erzählen trifft das noch stärker zu. Jede Erzählung deutet ein Stück Erfahrung, wodurch sie den Erzähler persönlich stärker fordert. Die Erzählung gibt also nicht nur seine Beobachtung wieder, sondern auch seine Interpretation.

Das gilt schon im Alltag. Eine Behauptung (zum Beispiel die von Müller: »Schmidt ist gemein«) ist unverbindlich. Um sich ein Bild zu verschaffen, muß man Müller erzählen lassen. Was hat Schmidt gesagt / getan? Wie und bei welcher Gelegenheit? Wie hat Müller reagiert? Warum so und nicht anders? Wie stand er vorher zu Schmidt, was hatte er erwartet? Schon nach drei Fragen wird, sofern Müller fähig ist, über sich Auskunft zu geben, die Geschichte sehr komplex. Aber gerade und nur in ihrer Komplexität ist sie triftig zu deuten.

Die Erzählung ist besonders deutungshaltig, weil sie so vielschichtig ist: Aus hundert Faktoren, die eine Situation bestimmen, muß der (mündliche) Erzähler blitzschnell das Wichtigste in eine kurze Lautkette transformieren; das ist ein dynamischer, hochkomplexer Vorgang, der ohne Intuition nicht möglich wäre. Anders gesagt: Die Erzählung enthält so viele Bezüge und Ebenen (Fakten, Personen, Absichten, Ablauf, Gefühle, Erlebnis), daß sie sich vom Bewußtsein nie ganz steuern läßt. So übernimmt die Sprache als halb- oder vorbewußtes Ausdrucksmittel die Führung.

Andererseits hängt die Qualität einer Erzählung auch von der Deutungsleistung des Erzählers ab: Unkontrolliertes Plappern bringt ebensowenig wie dürre Statements. Deutungsleistung nenne ich die sprachliche Gestaltung einer differenzierten Wahrnehmung. Beides ist mit geistigem und emotionalem Aufwand verbunden.

Warum? Weil ein neues Muster gefunden werden muß. Natürlich gibt es gängige alte Muster für alle Standardsituationen unseres Lebens, und natürlich sind wir versucht, unser Leben ihnen anzupassen. Wenn wir jung sind, kommen wir ohne sie gar nicht aus: Sie sind die Standardfabeln, nach denen wir unsere ersten Erfahrungen strukturieren. Es gibt archaische, kulturelle und modische Standardfabeln: »Mein Land ist das beste.« »Ich kann nichts dafür.« »Ich habe Pech in der Liebe.« Sie sind selten ganz falsch, aber eben auch selten richtig, weil sie ungenau sind. Sie zu übernehmen ist auf den ersten Blick bequemer als selbst zu denken und zu deuten, allerdings muß man etliche unpassende Details ausblenden, um ihnen zu entsprechen. Diese unterdrückten Details werden von unserer Phantasie oder unseren Träumen aufgenommen und können ein Eigenleben entwickeln, das unser Bewußtsein bedroht. Eine rohe Deutung kann uns nur zufriedenstellen, solange unser Erleben ihrem Muster vollkommen entspricht. Hindert sie uns daran, unsere Situation differenziert wahrzunehmen, kann sie uns unglücklich, sogar gefährlich machen.

Der Erzähler also, der sich von der Standardfabel löst und sein Erlebnis als etwas Neues wahrnimmt und darstellt, vollbringt eine Deutungsleistung. Je genauer, persönlicher, differenzierter er erzählt, desto bewußter und gleichzeitig schöpferischer muß er sein, und desto lebendiger und frischer wird unwillkürlich seine Sprache. Jeder Mensch, der das versucht, ist ein bißchen ein Künstler. Die guten Geschichten, die man auch im Alltag immer wieder hört, sind schöpferisch, weil sie sie die Kreativität des Lebens erfassen, ganz gleich ob das den Erzählern bewußt ist oder nicht.

Literarisches Erzählen

Das literarische Erzählen geht aus dem schöpferischen Alltagserzählen hervor. Einen prinzipiellen Unterschied gibt es nicht, nur einen graduellen: Auch das literarische Erzählen besteht wie das Alltagserzählen aus einer Kombination von Deutungsleistung und Intuition. Allerdings bedarf es beider in höherem Maße: Die literarische Erzählung ist zu differenziert und komplex, in der großen Form außerdem zu inhaltsreich, als daß man sie spontan formulieren könnte. Und natürlich ist es schwieriger, einen ganzen Lebensabschnitt befriedigend zu deuten als eine Episode. Das gilt für den erfundenen Stoff ebenso wie für den, der direkt der Realität entnommen wurde: Je mehr Welt, desto komplexer die Aufgabe. Der Schriftsteller hat mehr Zeit, um seinen Gegenstand zu durchdringen und zu gliedern, die Transformation von Stoff in Sprache geschieht also nicht blitzschnell wie beim mündlichen Erzählen. Trotzdem braucht auch der Autor ein hohes Maß an Intuition, denn er muß aus entsprechend mehr Details auswählen. Abbilden geht nicht, es gibt kein Eins-zu-Eins-Erzählen. Auch der sogenannte Naturalismus[8] leistet das nicht. Das Leben ist amorph, biologisch, überindividuell; Sprache ist formal nur eine Kette von Lauten, die ein vergängliches Individuum unter dem momentanen Eindruck dieses Lebens bildet.

Auch Erfindung schöpft, zumindest in ihren Motiven, aus der Erfahrung. Der Romancier baut aus seiner inneren Welt, die auf die äußere reagiert, eine Modellwelt, die seine Themen fokussiert und die ihm zugänglichen Elemente des Menschlichen entwickelt. Auch wenn er Stoffe wählt, die mit seinem Alltag nichts zu tun haben, verhandelt er seine eigene Sache, man kann sogar sagen: je realitätsferner, desto direkter. Gerade *Fantasy*[9], die den Widerstand der Realität am wenigsten berücksichtigen muß, stellt seelische Bedürfnisse besonders unverhüllt dar.

Für jeden literarischen Erzähler gilt, daß er Monate und Jahre seines Lebens unfertigen Texten widmet. Könnte der Autor einen Roman von dreihundert Seiten spontan hinschreiben, bräuchte er drei Wochen. Er braucht aber viele Monate oder sogar Jahre. Unaufhörlich schaut er dabei auf seine schlechten Sätze. (Kaum sind die Sätze gut, gibt er sie aus der Hand.) Seine Arbeit besteht darin herauszufinden, warum die Sätze schlecht sind, und die richtigen Folgerungen zu ziehen. Er merkt, daß seine Gedanken und Erfindungen sich verbessern, wenn er seine Sprache verbessert. Auch aus Kleinigkeiten kann er viel lernen: Wo in zwei Sätzen hintereinander das Wort »aber« steht, hat er nicht klar gedacht. Abgegriffene Adjektive verraten, daß er nicht genau genug hingesehen hat, um eigene Worte zu finden. Schiefe Metaphern stehen für Übertragungsschwäche. Aber auch ein Text ohne Sprachfehler ist noch nicht gut: Die Sprache wird steril, wenn der Autor den Stoff zu sehr kontrolliert, und beliebig, wenn er es zu wenig tut. Sie wird gewunden oder schwerfällig, wenn er etwas verbergen will. Sie wird vage, wenn er aus Faulheit oder Unsicherheit ohne konkrete Vorstellung die Seiten füllt. Künstler wissen, wie es sich anfühlt, wenn der richtige Tonfall gefunden ist: Der Tonfall ist der Schlüssel, die Seele des Werks. Von da an sagt das Werk dem Autor, was es braucht. Das heißt nicht, daß er es nun »laufen lassen« dürfte, denn gerade ein Werk, das die gängigen Muster verläßt, fordert das Stoff- und Weltverständnis des Autors bis zum letzten Augenblick. Aber die Anforderungen werden konkreter, und der Text entwickelt einen Sog.

Bis zuletzt gilt: Jeder Aspekt verrät des Autors Einstellung in jedem Detail. Wer keine Beziehung zur Natur hat, kann Natur nicht schildern. Vorurteile führen zu sprachlichen Klischees. Wer seinen Helden idealisiert, muß bewußt oder unbewußt lügen, und der Charakter wird blaß, wie schon vielen Romanlesern aufgefallen ist – wenn auch meist indirekt im Erstaunen darüber, daß die »Bösewichter« so viel interessanter sind. Ideologie entwertet immer die Erzählung. Es gibt kein einziges gutes literarisches Werk, das im Geiste etwa des Faschismus, des Stalinismus oder der Inquisition geschrieben worden wäre.[10] Tatsächlich sieht es so aus, als überträfe das Wahrheitspotential unserer Sprache das unseres Willens bei weitem.

Erkenntnis und Individualität

Woher weiß die Sprache so viel über ihren Autor? Ist sie moralisch? Ich denke, nein. Sie ist ein Erkenntnisinstrument. Erzählen ist ein Erkenntnisvorgang. Jede Erkenntnis ist nur individuell zu haben, durch Gedanken- und Gefühlsarbeit, und jede Erkenntnis ist ein schöpferischer Akt. Wo der Autor idealisiert, ideologisiert, traditionellen Vorgaben oder aktuellen Richtlinien folgt, verzichtet er auf eigene Anschauung zugunsten einer kollektiven Interpretation. Kollektive Interpretationen aber sind immer interessengesteuert und ungenau. Das wirkt sich sprachlich aus. Es gibt keine kreative sprachliche Leistung auf niedrigem individuellem Niveau, ebensowenig wie es eine hohe literarische Deutungsleistung auf niedrigem sprachlichem Niveau gibt.

Erzählen ist also ein Erkenntnisvorgang. Gutes Erzählen ist vollzogene Erkenntnisarbeit.

Erkenntnis zielt auf möglichst präzises, unparteiisches, objektives Wahrnehmen und Erfassen unserer Wirklichkeit – so, wie sie ist, nicht so, wie wir sie haben wollen. Zwar ist unsere Existenz unbegreiflich, denn zu vieles können wir nicht wissen, und noch das wenige, das wir wissen, ist zu reichhaltig, als daß wir es verarbeiten könnten in der knappen Zeit, die uns zur Verfügung steht. Aber der Erkenntnisdrang wirkt in all unser Tun, Denken, Fühlen hinein und hat somit Realität. Er ist eine konkrete, spezifische Determinante des Menschen.

Daß die Sprache das Instrument dieses Erkenntnisdrangs ist, läßt sich weder begründen noch beweisen. Ich bitte, es als Arbeitshypothese zu akzeptieren, und weise darauf hin, daß auch unser anderes großes Erkenntnissystem, die Mathematik, nicht besser fundiert ist: Auch die Mathematik beruht auf Axiomen und Deduktionen und bestätigt sich allein dadurch, daß man anhand ihrer Erkenntnisgewinn vollziehen kann. Das Zirkularitäts-Problem jeder Erkenntnis gilt für sie wie für die Sprache gleichermaßen.[11]

Ich möchte also auf die Realität des Erkenntnisdrangs verweisen und auf die reale Bedeutung seiner Leistungen. Zwar sind künstlerische Erkenntnisleistungen relativ: Alles, was unser Menschsein ausmacht, vollzieht sich im vergänglichen Individuum, das durch tausend biographische Zufälle geprägt ist, und nur dort. Aber eine gelungene Deutung, die hinter der aktuellen Wirklichkeit samt ihren Bedingtheiten die menschlichen Grundbedingungen erfaßt, ist auch unter veränderten Verhältnissen noch von Interesse. Durch das Wunder der Schriftsprache kann sie zu anderen Individuen gelangen, sogar verlustfrei insofern, als der fixierte Text virtuell identisch ist. Und daß über gelungene Deutungen, nachdem der Tagesqualm sich verzogen hat (je länger, desto deutlicher), eine erstaunliche Einigkeit unter den Individuen verschiedener Zeiten und sogar Völker herrscht, ist eines der ermutigenden Phänomene unserer von Interessenkonflikten, Mißtrauen und Machtansprüchen zersplitterten Menschheit.

Textbestände, auf die Individuen verschiedener Zeiten und sogar Völker immer wieder mit Gewinn zurückgreifen, nennen wir den literarischen Kanon. Er wurde von niemandem zusammengestellt; seine Basis ist die lebendige Rezeption, also das Interesse vieler Lesergenerationen an bestimmten Werken, wobei jede Generation ihr Interesse anders begründet haben mag. Diese Wertbestätigung könnte man *empirische Langzeitprüfung* nennen. Aber ist sie wirklich das einzige Kriterium für Kunstwert, oder gibt es noch eins? Woran erkennt der Leser eines zeitgenössischen Werks, ob er eine gelungene Deutung vor sich hat? Woran überhaupt erkennt man Erkenntnis?

Grundsätzliche Schwierigkeit ist, daß das Erkenntnissystem Literatur unlösbar an die kurzlebige, höchst variable, widersprüchliche menschliche Individualität geknüpft ist, weshalb seine Modelle (insbesondere erzählerische) diese Individualität inhaltlich miteinbeziehen müssen. Ein bestimmtes Abstraktionsniveau kann daher nicht überschritten werden. Im Erkenntnissystem Mathematik gilt das Kriterium der Widerspruchsfreiheit, in der Physik der experimentelle Beweis. Diese beiden Kriterien scheiden beim Erzählen grundsätzlich aus.

Für mathematische wie physikalische Erkenntnis gibt es aber zwei weitere Kriterien, die der künstlerischen in faszinierender Weise entsprechen: 1.) Sie muß für Menschen verständlich sein. 2.) Sie muß ästhetisch überzeugend sein. Das erste bedeutet, daß sogar das scheinbar so abstrakte, objektive mathematische System, das nur Gesetze der materiellen Welt beschreibt, nicht aber menschliche Dinge, vom Menschen kommt und dem Menschen gilt. Das zweite: daß die Formeln für dieses abstrakte System ihre Richtigkeit *auch* durch sinnliche Schönheit beweisen.[12] Konkret: Je kürzer und eleganter ein mathematischer Beweis, desto überzeugender ist er. Der kreative Mathematiker wird immer bestrebt sein, für einen funktionierenden, aber umständlichen Beweis eine kürzere, einfachere Formel zu finden. Nicht nur das: Wenn bei einem Problem zwei brauchbare, aber nicht ganz fehlerfreie Zwischenlösungen vorliegen, werden Mathematiker wie Physiker den ästhetisch reizvolleren Ansatz verfolgen, weil er erfahrungsgemäß eher der richtige ist. Die ästhetischen Kriterien sind die gleichen wie in der Kunst: Eleganz, Klarheit, Proportion, Symmetrie, Ökonomie.

Auch in der Kunst zeigt sich Erkenntniskraft an ästhetischer Qualität, und auch hier hat der Erkenntnisakt für sich einen ästhetischen Effekt: Wir können Kunstwerke, sogar tragische, auch deshalb als schön empfinden, weil sie den vordergründig traurigen Stoff modellhaft von einer höheren Ebene aus beleuchten. Sie *sind* nicht der zerschmetterte tragische Held, sondern *zeigen* ihn. Sie erforschen die Gesetzmäßigkeit des Geschehens, werfen die ihm zugrundeliegenden Fragen auf und erschüttern den Zuschauer oder Leser, wobei sie ihm idealerweise zu einem neuen, triftigen Blick auf sich selbst verhelfen.[13]

Für alle Erkenntnisse, die technischen wie die menschlichen, aber gilt: Ohne innere Bewegung kommen sie nicht zustande; nicht einmal die bescheidensten unter ihnen. Hier kommt der Leser ins Spiel. Nicht jeden bewegt das gleiche. Nicht jeder sucht beim Lesen Erkenntnis. Wenn Literatur ihn ablenkt, beruhigt, vergnügt, hat sie einen praktischen Sinn. Und wenn die sogenannte gute Literatur ihn *nicht* bewegt, hat sie natürlich keinen Sinn. Das Problem kann beim Autor wie beim Leser liegen: Nicht jede angeblich gute Literatur hat wirklich Erkenntnis zu bieten. Und keine, nicht einmal die beste, Literatur löst zwingend bei jedermann Erkenntnis aus. Gute Literatur sollte zünden, emotional stimulieren, damit die in ihr enthaltene Erkenntnis auf die Leser überspringt. Aber die Leser müssen bereit und fähig sein, sich stimulieren zu lassen.

Zu fragen wäre, was denn eigentlich am Ende erkannt werden soll und warum einem die Erkenntnis so schwer gemacht wird, zumal, einmal gefunden, sie so selbstverständlich wirkt, als sei sie immer schon in uns angelegt gewesen. Ich kann diese Fragen nur als Rätsel stehen lassen. Auch der Künstler selbst hat oft den Eindruck, er habe das Entscheidende »gefunden«, wenn ihm nach jahrelanger Schinderei einmal etwas gelungen ist. Man kann sogar sagen: Wenn er nicht den Eindruck hat, es »gefunden« zu haben, ist es in der Regel nicht gelungen. Bei den Naturwissenschaften beobachten wir ähnliches: wenn etwa über Millionen Fehlversuche, über dreitausendjähriges Grübeln, Disputieren und Experimentieren eine Mathematik, eine Physik entstanden sind, die in so verblüffender Weise Phänomene des Kosmos beschreiben, als wäre der Kosmos nach ihnen erdacht.

Von hier aus noch einmal zurück zur Kunstwert-Langzeit-prüfung. Sie wird durch unsere enorme Täuschbarkeit nötig. Erkenntnis ist ein individuelles *Erlebnis,* hat also mit Gefühl zu tun. Gefühl scheint ein höchst wackliges Kriterium zu sein und ist es auch; aber ein anderes haben wir nicht. Hauptproblem ist, daß jedes Individuum anders fühlt und daher strittig scheint, *wessen* Erkenntnis Gültigkeit hat. Selbst wenn wir das Urteil der Künstler bevorzugen, ergeben sich hohe Differenzen. Wenn wir die erweiterten Fachkreise, die Germanisten, Lektoren, Rezensenten und guten Vielleser, mit einbeziehen, ergeben sich sogar gewaltige Differenzen, insbesondere bei der Einschätzung der Gegenwartsproduktion; und wenn übrigens diese Differenzen fehlen, ist das besonders verdächtig. Nun können wir definieren, daß eine tiefe individuelle Erkenntnis, die zeit- und kulturübergreifend in möglichst vielen erkenntnisfähigen Individuen ein möglichst tiefes Echo findet, als Erkenntnisleistung beglaubigt sei. Aber auch das ist strittig, denn wer ist erkenntnisfähig, und was ist ein tiefes Echo? Auch hier geht es um Gefühl. Der einzige Beleg für diesen Ansatz ist die Erfahrung, daß so im Laufe der Jahrtausende viel erstklassige Kunst-Substanz zusammengetragen worden ist.

These

Meine These, zusammengefaßt:

1. Sprache ist ein Erkenntnisinstrument.
2. Erzählen ist ein Erkenntnissystem.
3. Individuelles Erzählen ist ein Erkenntnisvorgang, auch wo uns das nicht bewußt ist.
4. Deshalb zeichnet die Sprache Leistungen *und* Fehlleistungen der Erzähler auf.
5. Deshalb können Leser auch aus Fehlleistungen Erkenntnisse über Autoren und deren Gegenstand gewinnen.
6. Deshalb können Schreibende auch aus eigenen Fehlleistungen Erkenntnisse über sich und ihren Gegenstand gewinnen.

Ich möchte kurz erklären, warum ich die Theorie, Erzählen diene vor allem dem Erzeugen von *Sinn*, nicht für ausreichend halte. Das Erzeugen von Sinn ist ein Nebenprodukt des Erzählens, ein Akt des Willens, nicht des Erkennens. Der Erzähler »gibt« der Geschichte einen Sinn, und wenn sie sich sträubt, pfropft er ihn ihr auf. Eine Erkenntnis aber kann man weder konstruieren noch erzwingen.

Ich möchte im Folgenden zeigen, wie man mit dieser These arbeiten kann. Dafür habe ich drei erfolgreiche deutschsprachige Erzählungen unserer jüngeren Vergangenheit ausgesucht, wobei es mir nicht vornehmlich um Kunstwert ging, sondern um die erzählende Deutung der Wirklichkeit. Die gemeinte Wirklichkeit war jeweils eine hoch problematische, die das Deutungsvermögen der Erzähler aufs äußerste forderte. Wir werden beobachten, wie die Erkenntniskraft der Sprache sich auch gegen starken seelischen Druck durchsetzt, im kunstlosen Bericht ebenso wie in der virtuos komponierten Erzählung.

Nebenbei können wir auch einiges über den Gegenstand dieser Werke lernen. Ich bin überzeugt, daß die Literatur einen wichtigen Beitrag zum Verständnis unserer Gegenwart leistet. Sie leistet diesen Beitrag auch, wo sie weniger gelungen ist. Jeder Versuch sagt etwas aus, denn all unsere Deutungsbemühungen und -verweigerungen sind in unseren Erzählungen protokolliert. Verweigerungen haben oft die bedeutsameren, weil ehrlicheren, Gründe und lassen wertvollere Rückschlüsse zu. Manchmal ist sogar nur über Fehlleistungen etwas zu erfassen, was für alle unverzichtbar war. Wir Leser müssen es nur ergreifen. Manchmal erfahren wir in den Büchern nicht das, was den Autoren vorschwebte, aber etwas noch wichtigeres, das sie uns nur über einen Umweg zeigen konnten.

Alles steckt in der Sprache. Sie hat kein mystisches Leben außerhalb von uns: Sie ist eine entscheidende Funktion des Menschen. Wo sie wurzelt, ob in einem »Es«, »Über-Ich«, »Gewissen«, einem egoistischen oder sozialen »Gen«, erklärt kein Konzept. Aber sie zeigt uns, wie wir sind. Das ist für mich das Faszinierende: diese nicht auszuschaltende und nicht zu berechnende Wahrheit der Sprache, die weder dem Mächtigen gehört, noch dem Markt, noch der Eitelkeit, noch der Selbstsucht; die bisher unsere einzige Chance zur Entwicklung war, wohin immer diese führen mag, und es weiterhin sein wird. Wir können hier beobachten, welche Wege sie sich durch unsere Verhängnisse, unseren Ehrgeiz, unsere Leiden, unsere Illusionen sucht.

II. Die Wahrheit ist immer konkret

»Um die allergröbste Mißdeutung auszuschließen«
Der Vater eines Mörders von Alfred Andersch

Der Vater eines Mörders war die letzte Erzählung von Alfred Andersch (1914–1980). Er starb kurz vor ihrem Erscheinen. Nicht nur deshalb wurde ihr eine vermächtnishafte Bedeutung zuerkannt: Auch ihr Thema rührte an deutsche Traumata, mit charakteristischen ästhetischen und rezeptiven Folgen. Sie wurde allein im deutschsprachigen Raum über 300 000 mal verkauft, in zehn Sprachen übersetzt, verfilmt, und ist immer noch Schullektüre.

Geschildert wird in Anderschs Erzählung eine Schulstunde im Jahr 1928 an einem Münchner Gymnasium. Unerwartet erscheint der Direktor, um eine Untertertia in Griechisch zu prüfen. Der Schüler Franz Kien, deutlich (und im Nachwort bestätigt) ein Alter Ego des Autors Andersch, fällt durch diese Prüfung und muß die Schule verlassen. Franz Kien hat vom Griechischen keine Ahnung, das wird berichtet. Hauptthema der Erzählung ist aber nicht das Versagen des Schülers, sondern das des Direktors, der als gemütlicher Sadist geschildert wird. Er ist der Titelheld der Erzählung.

Ich schlage vor, diese Erzählung einmal so anzusehen, als wüßten wir nichts über Autor, Erfolg und Umfeld. Wir betrachten einfach die Sätze.

Erste Sätze

Erster Satz:

> *Die Griechisch-Stunde sollte gerade beginnen, als die Türe des Klassenzimmers noch einmal aufgemacht wurde.*

Zweiter Satz:

> *Franz Kien schenkte dem Öffnen der Türe wenig Aufmerksamkeit; erst, als er wahrnahm, daß der Klassenlehrer, Studienrat Kandlbinder, irritiert, ja geradezu erschreckt aufstand, sich der Türe zuwandte und die zwei Stufen, die zu seinem Pult über der Klasse hinaufführten, herunter kam, – was er nie getan hätte, wenn es sich bei dem Eintretenden um niemand weiteres als einen verspäteten Schüler gehandelt hätte –, blickte auch er neugierig zur Türe hin, die sich vorne rechts befand, neben dem Podest, auf dem die Tafel stand.*[14]

Die erste Seite ist die Visitenkarte des Autors; sie schlägt den Ton an und führt in die Welt des Werkes hinein. Gerade mit ersten Seiten geben sich Autoren besonders viel Mühe, weshalb es sich lohnt, hier genau zu lesen.

Der erste Satz liefert einen schnellen Einstieg und auch die entscheidenden Stichworte: Griechisch-Stunde, Klassenzimmer. »… sollte gerade beginnen« erzeugt Gegenwärtigkeit. Das umgangssprachliche Wort »aufgemacht« legt nahe, daß hier die Schülerperspektive gilt. Wir haben hier einen einfach und zweckmäßig strukturierten ersten Satz, der sinnvolle Informationen enthält.

Der zweite Satz ist komplizierter. Ein Franz Kien wird benannt, um den es offenbar gehen soll. Ein erschrockener Lehrer und ein Klassenzimmer werden beschrieben. Viele Details von sehr unterschiedlicher Wertigkeit werden geliefert, zum Beispiel, daß Studienrat Kandlbinder Klassenlehrer ist, daß sich die Türe des Klassenzimmers rechts befindet und daß vorne eine Tafel steht. Man wundert sich über diese Ausführlichkeit, denn jedes Klassenzimmer hat eine Tür und vorne eine Tafel.

Es fällt deshalb auf, weil der Satz ein langsameres Lesetempo erzwingt. Ein langsames Lesetempo erhöht die Aufmerksamkeit. Ein Autor verlangsamt zum Beispiel das Tempo, um eine diffizile, möglicherweise artistische Periode einzuleiten oder bestimmte Details zu fokussieren. Was kann es hier sein? Wir erfahren, daß Klassenlehrer Kandlbinder »nie« erschrocken wäre, wenn »es sich bei dem Eintretenden um niemand weiteres als einen verspäteten Schüler gehandelt hätte« – eine eigentlich selbstverständliche Information, die zudem umständlich formuliert ist: »nie getan hätte, … wenn es sich bei dem Eintretenden um niemand weiteres als einen eintretenden Schüler gehandelt hätte« wirkt durch die Wiederholung von zwei Wörtern (»nie«, »hätte«) im gleichen Satz unelegant. Komplizierte Sätze mit schlichtem Inhalt fallen auf, so wie jemand auffällt, der einen halben Meter hoch springt, um eine Treppenstufe zu nehmen.

Wie wird Tempo verlangsamt? Der Satz überrascht durch den eher nicht in die Schülersphäre gehörigen Nominalstil (»schenkte dem Öffnen der Tür wenig Aufmerksamkeit« – drei Substantive) und setzt sich in einer Schachtelkonstruktion fort. Was passiert mit dem Rhythmus? Betrachten wir die Konstruktion: »Franz Kien schenkte dem Öffnen der Türe wenig Aufmerksamkeit *Semikolon* erst *Komma* als er wahrnahm *Komma* daß der Klassenlehrer *Komma* Studienrat Kandlbinder *Komma* irritiert *Komma* ja geradezu erschreckt aufstand *Komma* sich der Türe zuwandte und die zwei Stufen *Komma* die zu seinem Pult über der Klasse hinaufführten *Komma* herunter kam *Komma Gedankenstrich* was er nie getan hätte *Komma* wenn es sich bei dem Eintretenden um niemand weiteres als einen verspäteten Schüler gehandelt hätte *Gedankenstrich Komma* blickte auch er neugierig zur Türe hin *Komma* die sich vorne rechts befand *Komma* neben dem Podest *Komma* auf dem die Tafel stand *Punkt*.« Diese Periode im altertümlich-gymnasialen Schriftdeutsch erstaunt nach dem vorigen Satz im flotten Schüler-Ton. Sie erstaunt weiterhin, weil die Konstruktion im Widerspruch zur Intention des Satzes zu stehen scheint, nämlich Spannung zu erzeugen (»irritiert, ja geradezu erschreckt aufstand«). Widersprüche haben immer etwas zu bedeuten. Herauszufinden ist, ob sie beabsichtigt oder unbeabsichtigt sind.

Dieses Kurzprotokoll der Begegnung mit ersten Sätzen mag in seiner Ausführlichkeit übertrieben wirken. Tatsächlich registriert der erfahrene Leser all das ohne innezuhalten. Nichts anderes tut jeder von uns, wenn ihm im wirklichen Leben ein fremder Mensch eine lange Geschichte über unbekannte Leute zu erzählen beginnt. Natürlich fragen wir uns: Interessiert uns dieser Mensch? Können wir ihm glauben? Wenn er die Augen niederschlägt, schrill spricht oder nuschelt, fällt uns das auf. Es läßt vermuten, daß er mit seiner Geschichte Probleme hat. Wenn wir die Sache ergründen wollen, müssen wir ihn aufmerksam beobachten.

Erklärungen

Weitere Dinge fallen auf. In der Erzählung wird viel *erklärt*, teilweise in entbehrlich scheinenden Relativsätzen (»die Krankheit, *an der er litt*, hatte ihn verändert«, S. 62), teilweise bei Handlungen. Manche Erklärungen werden mehrfach wiederholt, ohne daß sich dabei neue Aspekte ergäben.

Ein Beispiel: Franz fällt auf, daß der Direktor von »seiner« Untertertia spricht. »[…] weder Kandlbinder noch die Schüler schienen Anstoß daran zu nehmen, daß er [der Direktor] die Klasse mit dem besitzanzeigenden Fürwort bedachte.« (17) Nächster Satz: »Bin ich der Einzige, fragte Franz sich, dem es auffällt, daß er uns so anredet, als gehörten wir ihm?« (17f.) Übernächster Satz: »Er nahm sich vor, wenn die Stunde zu

Ende war, Hugo Aletter zu fragen, ob nicht auch er es eigentlich anmaßend fand, daß der Rex, bloß weil er Direktor der Schule war, sich für berechtigt hielt, ihre Klasse als die seine zu bezeichnen.« (18)

Weiteres Beispiel: Ein junger adeliger Schüler sagt zum Direktor: »Ich bin ein Freiherr von Greiff, und Sie sind für mich überhaupt nichts weiter als ein Herr Himmler!« (47) Sechs Seiten später: Greiff »hatte sich nicht darauf beschränkt, den Rex bei seinem Namen zu nennen, sondern ausdrücklich erklärt, er sei für ihn *nichts weiter* als dieser Name, Himmler […]« (54), und noch eine Seite später spricht der Rex »das Urteil aus, das sicherlich schon festgestanden hatte, seitdem Konrad Greiff ihn als ›nichts weiter als einen Herrn Himmler‹ bezeichnet hatte.« (55)

Bei Gefühlsthemen mögen Wiederholungen begründet sein. Bei Informationen stören sie. Was mögen sie bedeuten? Kann es sein, daß der Autor übergenau sein wollte? Warum?

Innerer Monolog

Franz' Gedanken werden oft in inneren Monologen wiedergegeben. Drei Beispiele:

> *Wir sind doch schon bei den Lautveränderungen im Satz, und noch weiter hinten in der Grammatik, bei der Wortbildungslehre [denkt Franz]. (24)*

> *[…] die Geige haben mir die Poschenrieders geschenkt, die hatten eine auf dem Speicher stehen. Mein Gott, haben die sich angestellt, als sie damit herausrückten, sie haben getan, als wäre die Fiedel ein Heiligtum, bloß weil ihr verstorbener Sohn darauf gespielt hat. (33)*

> *Unlogisch, dachte Franz, auch wenn wir ein richtiges Militär hätten, nicht bloß diese hunderttausend Mann*

Reichswehr, die uns die Engländer und Franzosen noch erlauben [...] (45)

Formal sind die Merkmale des inneren Monologs (Selbstgespräche, Ich-Form, Gegenwart) gegeben, allerdings wird die Technik unzweckmäßig verwendet. Der innere Monolog kann, im Gegensatz zur objektivierenden Erzählung, Bewußtseinsströme, Assoziationen, Emotionen einfangen. Sein Gegenstand ist das unzensierte, unkontrollierte Seelenleben in Aktion. Er erzeugt intime Gegenwärtigkeit und ist ein diffiziles, artistisches Mittel, eine Haupterrungenschaft moderner Erzählkunst. In dieser Geschichte wird er jedoch verwendet, um Informationen unterzubringen. Das wirkt ungeschickt. Würde ein vierzehnjähriger Schüler unter Streß wirklich formulieren: »[...] die Geige haben mir die Poschenrieders geschenkt [...] Sie haben getan, als wäre die Fiedel ein Heiligtum, bloß weil ihr verstorbener Sohn darauf gespielt hat«? Wäre normale indirekte Rede (»Die Geige hatten ihm die Poschenrieders geschenkt«) nicht organischer gewesen?

Erzählperspektive

Die Perspektive ist sozusagen die Erlebnis-Achse, das Rückgrat des Buchs.

Andersch wählt für seine Erzählung die Schülerperspektive. Schon im ersten Satz wird dieser Ton angeschlagen, und nichts spräche dagegen, ihn bis zum Schluß beizubehalten. Dann tauchen aber auktoriale Einschübe auf, also Informationen, die nur ein allwissender Erzähler haben kann:

[Franz] ahnte nicht, daß er nach dieser Stunde zu keinen Späßen irgendwelcher Art mehr aufgelegt sein würde. (28)

[…] sagte der Rex, von des Ordinarius Buch aufblickend mit nichts als zwei gaumig dunklen oder eher durch die Nase ausgestoßenen A's seine vorher so großmütig gewährte Erlaubnis widerrufend […] (28)

Unnötige Perspektivwechsel stören die Konsistenz der Erzählung. Ein interessantes Phänomen: Von der Komposition nicht gedeckte Verstöße gegen diese Konsistenz neigen zum Wuchern. So auch hier: Unerwartet taucht jetzt auch noch die Perspektive des Direktors auf. Der zitiert etwas,

wobei er sich Mühe gab, ein höhnisches Lachen zu unterdrücken. (34)

Wider seinen Willen hatte er sich von Verachtung in Empörung gesteigert. (93)

Gelegentlich läßt sich der auktoriale Erzähler zu scharfem Kommentar hinreißen:

[…] dort oben, hinter dem Pult wie auf einem Anstand, saß jetzt ein Jäger, auf einer Pirsch in den Unterricht, dick, ungemütlich, einer von der feisten Sorte der Revierbesitzer und Scharfschützen. (36)

Und er wies Franz mit nach oben gewendeter Handfläche, wie liebenswürdig einladend, in Wirklichkeit aber bösartig, unerbittlich, zur Tafel hin […] (76).

Einsatz von Schülerjargon soll Franz' Perspektive wiederherstellen, aber sogar innerhalb einzelner Sätze finden sich Brüche:

Entweder hat er einen größeren Gehirnkasten als die übrigen Lehrer, Kandlbinder zum Beispiel, oder er war ganz einfach ein bißchen plemm-plemm. (65)

So viele Perspektivfehler in einer einfachen personalen Erzählung sind selten, und es ist kaum möglich, sie nicht für symptomatisch zu halten.

Zwischendiagnose

Der Autor wollte offenbar unbedingt Authentizität erzeugen. Er griff hierfür zu den bewährten Mitteln 1.) Detailgenauigkeit, 2.) Erklärungen, 3.) Vergegenwärtigung. Aber er schoß in jeder dieser Techniken übers Ziel hinaus. Authentizität bedeutet, er wollte glaubwürdig sein. Nun kann man sich fragen: Warum hätte er befürchten sollen, *nicht* glaubwürdig zu sein? Weiter fiel auf, daß ihm einige Malheurs mit der Erzählperspektive widerfuhren. Weshalb hielt er sich nicht an seinen Franz Kien?

Handlung

Die beiden Hauptfiguren haben wir inzwischen kennengelernt. Schüler Franz ist ein Träumer, der unter der Schulbank Karl May liest. Er steht bereits in zwei Fächern auf Fünf und hat für Griechisch noch nichts getan. Politik interessiert ihn nicht, aber ein bißchen was kriegt er doch mit; zum Beispiel hat er Fotos von Hitler gesehen. »Hitler hatte ein Gesicht, das ihn nicht interessierte. Er sah blöd und mittelmäßig aus.« (71) Zu Hause hat Franz es schwer: Seine Eltern sind arm. Der Vater ist im (Ersten) Weltkrieg schwer verwundet worden und arbeitsunfähig, er siecht im Wohnzimmer auf dem Sofa dahin.

Der Schuldirektor ist ein dicker, scheinbar jovialer, auf seine Autorität bedachter, etwas spöttischer Mann, von dem wir erfahren, daß er das Militär liebt, sonntags in die Kirche geht und mit seinem Sohn, einem Hitler-Anhänger, »tödlich verfeindet« (60) ist. Franz kann den Alten nicht leiden. Zwei Drittel der

Erzählung sehen wir mit seinen Augen dem Direktor zu, wie der sich wichtig macht, den Klassenlehrer einschüchtert, zwei Schüler prüft und mit einem jungen Adeligen streitet. Dann ruft er Franz auf und examiniert ihn in Grund und Boden.

»Was schlagen Sie vor, Herr Doktor?« (115) fragt er den Klassenlehrer, nachdem er Franz auf seinen Platz zurückgeschickt hat. »Nachhilfestunden sind teuer […] Sein Vater kann sie nicht bezahlen. Denken Sie doch daran, daß er nichteinmal das Schuldgeld aufbringen kann. Wir haben Kien auf Bitten seines Vaters Schulgeldbefreiung gewährt.« (116) »Die Befreiung vom Schulgeld darf nur hervorragenden Schülern gewährt werden. […] ich habe geglaubt, für den Sohn eines mit hohen Tapferkeitsorden dekorierten Offiziers, der wahrscheinlich unverschuldet in wirtschaftliche Bedrängnis geraten ist, […] eine Ausnahme machen zu können. Und wie lohnt er es der Schule und seinem armen Vater?« (117f) Auch Franz' Bruder steht auf der Abschußliste, erfahren wir: »Bloß mit einer netten Handschrift – damit schafft er das Einjährige nie. Dafür werde ich sorgen.« (120) Zuletzt erkundigt sich der Direktor »scheinheilig« (120) nach Franz' krankem Vater, um zu kommentieren: »Oh, […] das tut mir leid. Da wird es ihn nicht freuen, daß seine Söhne zur Ausbildung an höheren Schulen nicht geeignet sind.« (121)

Ist es plausibel, daß ein Pädagoge in dieser Weise den kranken Vater eines Schülers verhöhnt (»wahrscheinlich unverschuldet in wirtschaftliche Bedrängnis geraten«)? Daß ein autoritätsbewußter Mann sein Vorgehen vor der Klasse rechtfertigt (»Denken Sie doch daran, daß …«)? Daß er als national und militärisch gesonnener Mensch (»es ist ein Jammer, daß wir in Deutschland kein Militär mehr haben dürfen …«, 44f) geradezu rachsüchtig die Söhne eines mit Tapferkeitsorden dekorierten Kriegsversehrten verfolgt (»Dafür werde ich sorgen«)?

Zuletzt wird beschrieben, wie der frisch relegierte Franz nach Hause zurückkehrt. Dort wartet auf den Leser als literarische Überraschung eine starke, beklemmende Szene.

Vater Kien nimmt sich »merkwürdigerweise« (121) die schlechte Nachricht nicht so zu Herzen, wie Franz befürchtet hat.

> *Vielleicht blieb Vater so still, weil er sich bereits auf das Sofa gelegt hatte, nach dem Abendessen, damals hatte er schon angefangen, sich Morphium zu spritzen, mit Erlaubnis der Ärzte vom Schwabinger Krankenhaus, gegen die Schmerzen im rechten Fuß, gegen den Brand an den Zehen, sie sollten bald amputiert werden, die große Zehe seines rechten Fußes war schon schwarz geworden, bleich lag sein Vater auf dem Sofa, schon lange ja war er kein feuriger Mann mehr, mit einem zu hitzigen Farben neigenden Gesicht unter schwarzen Haaren. (121f)*

Franz' Bruder Karl stochert auf dem Klavier ein Impromptu von Schubert,

> *ohne es richtig zustandezubringen, aber Franz fand die Musik trotzdem schön; in eine Pause hinein sagte sein Vater: »Daß er sich nach meinem Befinden erkundigt hat – das hat er nur getan, weil ich das EK eins habe.« (122f)*

Das ist in einem völlig anderen Ton geschrieben, flüssig, atmosphärisch dicht, anschaulich, lebendig: die Ratlosigkeit der Buben, das gestümperte Schubert-Impromptu nach der Katastrophe, der sieche Vater, der noch immer stolz ist auf sein EK eins. Das schrieb ein guter Autor. Man fragt sich, was vorher schiefging.

Vorläufiges Resultat einer Begegnung

Epische Lektüre sei wie die Begegnung mit einem unbekannten Menschen, der uns eine lange Geschichte über wildfremde

Leute erzählt, habe ich oben gesagt. Wie wäre es uns im wirklichen Leben mit diesem Mann ergangen? Manches an seinem Vortrag wäre uns suspekt erschienen, aber wir hätten vielleicht zugehört. Natürlich wären unsere eigenen Schulerfahrungen in unsere Reaktion eingeflossen. Dann ist die Erzählung zu Ende. Daß der Erzähler damit Probleme hatte, fiel auf; welche, ging aus der Geschichte nicht hervor. Wahrscheinlich bedeutet das, daß der Erzähler die Probleme nicht gelöst hat und mit sich nehmen wird. Für uns bedeutet es nichts. Wie es wirklich war, können wir nicht prüfen, und sofern der Mann mit der Geschichte keine Forderung verknüpft hat, spielt es auch keine Rolle. Wahrscheinlich wird man die Geschichte vergessen, weil sie nicht funktionierte.

Das gilt erst recht für die Literatur. Dokumentar-Wirklichkeit ist kein künstlerisches Kriterium. Schriftsteller, die auf Kritik antworten: »So war es aber wirklich!«, ernten Gelächter. Ein literarisches Werk kann ohne jede Wahrscheinlichkeit funktionieren, wie ein Traum. Auf den inneren Zusammenhang kommt es an. Eine gelungene Deutung funktioniert in den entscheidenden Passagen immer auch ästhetisch. Entsprechend weisen ästhetische Probleme bei einem professionellen Erzähler immer auf Deutungsprobleme hin. Bei Anderschs Erzählung schloß ich auf ein Problem mit der Wirklichkeit, weil das Bemühen des Erzählers um Authentizität – also erlebte Wirklichkeit – am deutlichsten mißglückt ist.

Ein letztes Mal zurück zu unserem unbekannten mündlichen Erzähler. Wir würden die Geschichte wohl vergessen, schrieb ich. Nun füge ich hinzu: Es sei denn, der Mann hätte uns vorher gesagt, *warum* er das erzählt. »Stellt euch vor, mein Schuldirektor war der Vater des Obernazis Himmler!« Das hätte dem Erzähler besondere Aufmerksamkeit verschafft, schon wegen der grausigen Prominenz des Gegenstandes. Und so etwa wirkt der Titel von Anderschs Geschichte: *Der Vater eines Mörders.*

Schuldirektor Himmler war tatsächlich Vater des SS-Führers Heinrich Himmler, der als Hauptverantwortlicher für den Holocaust in die Geschichte einging[15]. Franz Kien konnte das 1928 noch nicht wissen. Aber daß der historische Heinrich Himmler (damals vorerst nur ein »Hitler-Anhänger«, 60) gemeint ist, wird ausdrücklich gesagt.

Der Direktor wird also im Gegensatz zum Schüler bei seinem Klarnamen genannt. Der publizistische Effekt dieser Maßnahme war enorm. Ich halte aber für möglich, daß es auch die Ursache für die künstlerischen Probleme war.

Warum? Der Klarname verlangt vom Erzähler eine Genauigkeit und Gerechtigkeit, die von einem Einzelbeobachter, gar einem so abhängigen, kaum zu leisten ist. Unter einer einzigen Prämisse hätte das funktioniert: als Zeugenaussage. Dann hätte aber auch der Schüler sich im eigenen Namen zu seiner Erfahrung bekennen müssen. Das tat er nicht. Der Ankläger versteckt sich, während er den Angeklagten bloßstellt. Zusätzlich dämonisiert er den Angeklagten, indem er ihn mit den Morden seines Sohnes behaftet. Es ist psychologisch interessant, daß die Erzählung ausgerechnet in Bloßstellung und Sippenverfolgung gipfelt, wobei dort der Bloßsteller und Verfolger Direktor Himmler ist.

Der historische Direktor Himmler war 1936 gestorben. Zeitgenossen aber lebten 1980 noch und meldeten sich zu Wort. Rechtsanwalt Dr. Otto Gritschneder, ein Klassenkamerad von Alfred Andersch, schrieb an die *Süddeutsche Zeitung*, Direktor Himmler habe niemals »dem Klaßleiter den Unterricht aus der Hand genommen«, auch sei ein Rauswurf aus der Schule nach einer solchen Prüfung »schon aus schulrechtlichen Gründen« unmöglich gewesen. »Alfred Andersch ist vielmehr … ganz normal durchgefallen, wegen dreier Fünfer, in Latein, Griechisch und Mathematik.«[16] Sein Abschlußzeugnis hat sich erhalten. Für eine Examinierungs-Szene

44

zwischen Direktor Himmler und Alfred Andersch fand sich kein Zeuge.

Anderschs Erinnerung kann getrogen haben, so wie unser aller Erinnerung trügt. Das ist normal: Etwas passiert und löst bei uns Gefühle aus, und später rekonstruieren wir das Geschehen anhand unserer Gefühle. Es hat mit Gedächtnismanagement zu tun: Wir können nicht alles speichern. Die Auswahl zwischen zu Merkendem und zu Vergessendem wird gefühlsmäßig getroffen. Je länger ein Ereignis zurückliegt, desto unklarer und schematischer wird die Erinnerung. Oft wird sie sogar durch gesellschaftliche oder literarische Muster ersetzt. Es kann also sein, daß Andersch, als er nach fünfzig Jahren seine Schulgeschichte verfaßte, sie genau so imaginierte, wie es dasteht.

Nun ist meine These, daß *etwas in ihm* die Sache – ihren Ablauf oder ihre Bedeutung – trotz allem anders aufgenommen hat und deshalb in seine Erzählung deutliche, ästhetisch fatale Zeichen der Unwahrheit oder des Irrtums streute.

»Nachwort für Leser«

Für diese These spricht, daß der Autor schwerkrank dem beendeten Manuskript noch ein seltsam gequältes »Nachwort für Leser« hinzufügte. Die Verwirrung wird dort nicht aufgehoben, sondern setzt sich bis in einzelne Formulierungen hinein fort. Einige Beispiele.

»Ich […] erkläre mit aller Bestimmtheit, daß ich diese Geschichte aus meiner Jugend niemals erzählt hätte, wüßte ich genau zu sagen, daß und wie der Unmensch und der Schulmann miteinander zusammenhängen.« (135) *Daß* sie zusammenhängen, wußte er. *Wie* sie zusammenhängen, konnte er nicht wissen. Indem er die Dämonie des Sohnes auf den Vater übertrug, hat er allerdings den Zusammenhang suggeriert, den er hier von sich weist.

»Schützt Humanismus denn vor gar nichts? Die Frage ist geeignet, einen in Verzweiflung zu stürzen.« (136) Sie ist wirklich geeignet, einen in Verzweiflung zu stürzen, aber sie wird in der Erzählung nicht behandelt. Direktor Himmler ist kein Humanist, sondern ein Sadist, der Griechisch kann, und bereits der junge Franz Kien erliegt keine Sekunde der Versuchung, in ihm etwas anderes zu sehen (»nicht für viel Geld möchte ich dem sein Sohn sein« (64).

Andersch erklärt, daß er mit Kien identisch sei. Aber: »Die Form selbst ist es, die mich nicht geradezu zwingt, mir aber doch rät, mich Franz Kiens zu bedienen. Er gestattet mir eine gewisse Freiheit des Erzählens, die das Ich, diese tyrannische Form der Beugung des Tätigkeitsworts, nicht zuläßt.« (131) Die gewisse Freiheit des Erzählens wird erklärt: Der Autor habe einiges in die Geschichte eingebaut, das sich »bei anderer Gelegenheit« (132) abgespielt habe. Als Beispiel nennt er den Disput Himmlers mit dem arroganten Jung-Adligen Greiff. »Würde ich behauptet haben, den Fall […] selbst erlebt zu haben, so hätte ich – nun, nicht gerade gelogen, aber doch geflunkert.« (132) Das stimmt. Aber die Freiheit des Erzählens hat er, sowie er seinem Helden einen anderen Namen gibt, ganz gleich, ob er in der ersten oder in der dritten Person schreibt. Was mag die »tyrannische Form der Beugung des Tätigkeitsworts« bedeuten?

Folgendermaßen begründet er weiter die Erfindung des Franz Kien: »Das Wittelsbacher Gymnasium im Jahre 1928 wird in seiner Erzählung durchsichtiger als im strengen Ich der absoluten Autobiographie.« Inwiefern? Nächster Satz: »Die Form der Erzählung verhält sich gespannt zu dem Geist der Lebensbeschreibung.« (132) Wirklich? Warum sollte sie das tun?

»Dieses Fragment eines Kommentars wird überhaupt nur hergezeigt, um die allergröbste Mißdeutung auszuschließen: niemand soll denken können, ich habe mit *Der Vater eines Mörders* die Sippe der Himmlers behaftet, auch wenn Franz Kien dies in einem gewissen Sinne tut, indem er für den Sohn, – den er nicht kennt –, Verständnis aufbringt, gegen den Vater, der ihm tief unsympathisch ist.«(135f) Unbegründete Selbstaussagen sowie Absichtserklärungen mit moralischer Implikation sind immer heikel. Hätte Franz' Perspektive von 1928 gelten sollen, hätte der »Mörder« im Titel nicht erwähnt werden dürfen. So wird die Sippe der Himmlers sehr wohl behaftet. Der Autor will nur nichts dafür können.

Der Autor

Alfred Andersch wurde 1914 in München geboren. Er verließ 1928 das Gymnasium nach der Untertertia und absolvierte eine Buchhändlerlehre, danach fand er wie fünfeinhalb Millionen andere Bürger der Weimarer Republik keine Arbeit und engagierte sich in der Kommunistischen Partei. 1933 wurde er als Organisationsleiter des Kommunistischen Jugendverbandes von Südbayern verhaftet und verbrachte sechs Wochen im KZ Dachau. Anschließend trennte er sich von der KP und »antwortete auf den totalen Staat mit der totalen Introversion«[17]. 1933–43 arbeitete er als Industrieangestellter, Werbetexter und Büroangestellter in München, Hamburg und Frankfurt, in dieser Zeit begann er auch zu schreiben. Zweimal wurde er in die Wehrmacht eingezogen: das erste Mal 1940 – er diente vorübergehend als Besatzungssoldat in Frankreich –, dann noch einmal 1943. 1944 in Italien desertierte er zu den Amerikanern. Nach der Rückkehr aus der Kriegsgefangenschaft hielt er seine berühmt gewordene programmatische Rede »Deutsche Literatur in der Entscheidung«, in der er die junge Generation aufforderte, »in einem originalen Schöpfungsakt eine Erneuerung des deutschen geistigen Lebens zu vollbringen.«[18] Er gehörte zu den Gründern der Gruppe 47, von der er sich in den 50ern distanzierte, als sie seiner Meinung nach zu marktbewußt wurde. 1958 ließ er sich als freier Schriftsteller in Berzona im Tessin nieder, wo er auch starb. In mehreren Romanen (u. a.

Die Kirschen der Freiheit 1952, *Sansibar oder der letzte Grund* 1957, *Winterspelt* 1974) behandelte er moralische Konflikte einzelner Menschen in Krieg und Nazireich. Das »Dritte Reich« war das Thema seines Lebens. Dabei war sein Ansatz künstlerisch, nicht parteipolitisch. »Realistische Literatur ist Literatur aus Wahrheitsliebe; die Wahrheit aber spricht immer für sich selbst, sie hat keine Tendenz und keine Predigt nötig«, schrieb er. Und: »Das Chaos ist die Ursubstanz der Freiheit – wer vor dem Chaos Angst hat, soll nicht auf Freiheitssuche gehen.«[19] Der Kampf um Unabhängigkeit ist in seiner Prosa immer spürbar. Daß er im *Vater eines Mörders* der Chaosangst Tribut zollte, sehe ich als Ausdruck einer schweren psychischen Bedrängnis.

Eine psychologische Diskussion

Gestörte Ästhetik in einem literarischen Werk läßt auf mindestens ein darin enthaltenes Thema von hoher persönlicher Brisanz schließen, wobei dem Autor Grad und Bedeutung dieser Brisanz nicht bewußt sind. Wären sie es, würden sie die Ästhetik nicht stören.

Im Vordergrund der Andersch-Erzählung steht das Thema Schule. Was mag dort das Problem gewesen sein? Wenn die Grundsubstanz der Geschichte das konkrete Leiden am autoritären wilhelminischen Gymnasium war, das Hauptthema Schulversagen, warum hat der Autor es nicht so hingeschrieben? Alles war schlimm genug: der sterbende Vater, die drohende Armut, mangelnde Unterstützung, Ungewißheit über die eigene Bestimmung, eine pädagogisch rohe Schultradition – jeder hätte den Schüler verstanden. Auch handwerklich hätte es funktioniert: Der Autor hätte ohne weiteres in der Ich-Form erzählen können. Es hätte kein Perspektivproblem gegeben und kein Glaubwürdigkeitsproblem. Auch sachliche Fehler und Verzerrungen wären verständlich gewesen, denn wenn irgendwer das Recht auf Subjektivität hat, dann ein verzweifelter halbwüchsiger Schüler.

Warum hat Andersch das nicht gewollt? Hat er sein Schulversagen als so arge Niederlage erlebt, daß die unverstellte Beschreibung ihn noch fünfzig Jahre später schreckte? So unnötig das im nachhinein erscheinen mag, so normal ist es leider auch. Jedenfalls hat der Autor das empfundene Ungemach in einer Kunstfigur, einem bösen Schuldirektor, gebündelt. Was er sich von der Figur versprach, können wir nicht wissen. Wir können aber überlegen, was dieser Rex bewirkt.

Psychologisch wird der Schüler durch ihn scheinbar entlastet. Wer einem übermächtigen Sadisten in die Hände fällt, ist kein Versager, sondern ein Opfer.

So kann es weitergegangen sein: Die Gestaltung dieser Rex-Figur führte nicht zu der Wirklichkeit, die bewältigt werden sollte, hin, sondern von ihr weg. Der Kunst-Rex ist unangenehm und destruktiv, offenbar schlimmer als der Original-Rex (bzw. das, was Andersch von ihm kannte). Es könnte die charakteristische Folge eingetreten sein, daß der Autor sich doch nicht entlastet fühlte, da die Entlastung ja dem vom Rex terrorisierten Franz und nicht ihm, Alfred Andersch, galt. Nun mußte er entweder die Beschuldigung zurücknehmen oder verstärken. Er entschied sich für letzteres und machte den Bösen noch böser, vom Sadisten zum Dämon[20], zum Vater eines Mörders. Der historische Zufall mag dem Autor zu Hilfe gekommen sein. So wurde eine Brücke von der Schule zum Faschismus geschlagen, die Schulkatastrophe mit der Nazikatastrophe kurzgeschlossen. Andersch muß das nicht vorsätzlich geplant haben, aber es wurde so verstanden: Solche Schuldirektoren bringen Nazimörder und Naziregimes hervor. Die Himmlers waren schuld.

Auch der umgekehrte Kurzschluß ist denkbar, und hier sind wir bei einem weiteren Thema von hoher persönlicher Brisanz: dem »Dritten Reich«. Es kann sein, daß der Autor vom Nazi-Trauma gewissermaßen rückwirkend auf seine Schulzeit geschlossen hat, um eine Gesamt-Unschuld für sich annehmen zu können. (»Das Unbewußte ist überhaupt zeitlos«, schrieb Sigmund Freud.)[21] Die Verknüpfung der Themen ist jedenfalls auffällig. Ich schließe daraus, daß ohne das Nazi-Trauma diese Erzählung nicht entstanden wäre.

Worin mag dieses Trauma bestanden haben? Andersch erlebte den Faschismus als brutal und unwürdig, doch natürlich versuchte er, darin zurechtzukommen und sich zu entwickeln. Später machte er sich schwere Vorwürfe. Daß er zum Beispiel einmal in einer Masse »Heil!« geschrieen hatte, als Hitler an ihm vorüber fuhr; daß er 1936 eine Möglichkeit zur Emigration ausgeschlagen hatte[22]; daß er sich vorübergehend von Hitlers Erfolgen hatte blenden lassen (»Jedesmal, wenn ich daran denke, spucke ich innerlich vor mir aus«[23]); daß er sich 1943 von seiner halbjüdischen Frau Angelika scheiden ließ[24], um Mitglied der Reichsschrifttumskammer werden zu können, was die Voraussetzung für eine Schriftstellerkarriere war[25]; daß er 1944 einige Erzählungen in der *Kölnischen Zeitung* publizierte[26]. Nie mehr erwähnt hat er, daß er 1944 als amerikanischer Kriegsgefangener die Herausgabe seiner beschlagnahmten Papiere mit dem Hinweis begründete, er sei »bis jetzt« wegen der jüdischen Abstammung seiner Frau von den Nazis am Schreiben gehindert worden[27], eine allerdings beschämende Sache: Er suchte seinen Vorteil ausgerechnet unter Berufung auf seine Loyalität zu der Frau, die er im Stich gelassen hatte. Totalitäre Systeme mischen sich immer ins Privatleben der Menschen ein, weil der Mensch dort am zuverlässigsten erpreßbar ist. Der Erpreßte verliert seine Integrität und macht sich zusätzlich schuldig, weil in verbrecherischen Staatssystemen jede Durchschnittssünde, sogar jede durchschnittliche private Tat zur Mitwirkung an den Kapitalverbrechen dieses Staates werden kann.

Scham und Schuldgefühle sind niemandem vorzuwerfen; sie sind Bausteine des Gewissens und damit jeder Kultur. Gefährlich werden sie, wenn sie, weil als unerträglich empfunden, unterdrückt werden. Ich vermute, daß es sich bei Andersch so verhielt; wobei die Unerträglichkeit seines Komplexes mindestens zum Teil mit der historischen Katastrophe zu tun hatte. Uneingestandene Scham und Schuldgefühle haben die Tendenz, im Unterbewußtsein zu wuchern; vielleicht sind sie sogar die hartnäckigsten Gefühle, die es gibt. Fritz J. Raddatz berichtet, daß Andersch, »dieser gutaussehende Mann, zu Zeiten König des Literaturbetriebs, oft, allzu oft morgens beim Rasieren vor dem Spiegel stand und schrie: ›Ich hasse mich, hasse, hasse, hasse mich!‹«[28] Er kämpfe, schrieb Andersch einem Freund im Jahr vor seinem Tod, »mit der Krankenkasse […], die mir ungeheure Beträge schuldet, mit Steuerproblemen und ähnlichem Scheißdreck. Mit meinem Unterbewußtsein. Ich habe Anfälle von Gereiztheit, Unfähigkeit, mich zu konzentrieren, Verlust von Erinnerungen […] Wir sind alle krank, weil wir in einer grauenerregenden Zeit leben. Wer ›gesund‹ ist, ist mir verdächtig.«[29]

Der *Vater eines Mörders* ist, denke ich, vor allem als Tragödie eines ehrgeizigen Moralisten zu lesen: als ästhetisch verunglückter, subjektiv aber verzweifelt notwendiger Versuch, sich durch Schuldzuweisung an einen anderen von einer als übermäßig empfundenen Beschämung freizusprechen; somit als qualvoller Ausdruck dieser übermäßigen Beschämung.

Erste Rezensionen

Die Kritiker bedachten 1980 das Buch mit einhelligem Lob.

> *»Eine herausfordernd authentische Erzählung, eine deutsche Erzählung. Eine Schulgeschichte, die den Lesern noch immer etwas über sich selbst sagt. Weil sie etwas sagt darüber, wie es zu Hitler und Himmler kommen konnte.«* Hessischer Rundfunk[30]

*»Eine persönliche Geschichte, die dennoch von unser al-
ler Vergangenheit handelt, ein erzählerisch raffiniertes
Miniaturdrama auf engstem Raum und in kürzester
Zeit ...«* Hessischer Rundfunk[31]

*»Ein äußerst konzentriertes, kunstvolles, fesselndes Pro-
sa-Meisterstück«* – Der Spiegel[32]

*»Ein meisterhafter Text, ein konzentriertes, dramati-
sches, spannendes Prosa-Stück«* – Süddeutsche Zeitung[33]

Die Trefferquote ist eher niedrig: Ich nehme an, daß die Rezensenten 1980 vor allem auf außerliterarische Reize reagiert haben. Der Tod des Autors kurz vor Erscheinen des Buches wird,
verständlich genug, einer davon gewesen sein. Und sicherlich
das deutsche Schuldbewußtsein beim Thema Nationalsozialismus. In dieser Erregung wurde auf eine ästhetische Diskussion
verzichtet. Interessant dabei ist nicht, daß Emotionen den dia-
gnostischen Blick trüben (was wohl niemanden erstaunen
kann), sondern wie deutlich sich das sprachlich niederschlägt.
Auch in der Rezensenten-Sprache ist die Wahrheit wirksam.
   Wo zeigt sie sich?

In fehlender literarischer Argumentation. Zitiert wird nur, um
die Handlung nachzuerzählen. Eine ästhetische Untersuchung
bleibt aus.
   – Im Ausweichen auf außerliterarische Bezüge. Die Meriten
des Autors, das wilhelminische Gymnasium, Macht und Ohn-
macht der Erinnerung, Hitler und Himmler werden erörtert.
   – In unbegründeten, dafür besonders heftigen Werturteilen,
in pathetischem Ton,
   – im Gebrauch von Superlativen (»auf engstem Raum«, in
»kürzester Zeit«),
   – in der Berufung auf Mehrheiten (»unser aller Vergangenheit«),

– im Verweis auf Erfolg (Leserzahlen, andere gute Besprechungen),
– in unbegründeten Selbstaussagen.

Zu letzterem ein charakteristisches Beispiel.

> *Die ungewöhnlich starke Resonanz [...] ist keineswegs ein Produkt der Pietät, keineswegs eine Art Danksagung kurz nach dem Tod eines bedeutenden Schriftstellers, der die Geschichte der Literatur in der Bundesrepublik vielseitig beeinflußt hat [...]«* Hessischer Rundfunk[34]

Wie erkennt der Leser, daß die Verneinung fadenscheinig ist? Ganz einfach, indem er sie wörtlich nimmt. Warum soll die Resonanz *keineswegs* eine Art Danksagung sein? Was spräche dagegen?

Gründe für eine Rezeption

Die Rezensenten von 1980 lasen den *Vater eines Mörders* als Lehrstück über die Genese des Nationalsozialismus aus dem Geist des wilhelminischen Gymnasiums. Sie nahmen die Intention des Autors für ästhetische Qualität, ohne sich den Text genauer anzusehen, wobei ich aus einigen pathetischen und ungenauen Wendungen schließe, daß sie die Mängel des Textes unterschwellig gespürt, aber sich nicht bewußt gemacht haben. Wahrscheinlich kam ihnen die Intention des Autors entgegen.

Eine mißglückte Deutung ist Resultat eines gestörten Erkenntnisvorgangs. Wenn ein Zuhörer oder Leser schwere Deutungsstörungen eines Textes übersieht, ist er möglicherweise selbst von entsprechenden Störungen betroffen. Und wenn alle Empfänger einer Deutung so schwerwiegende Störungen übersehen, liegt wohl eine allgemeine, historisch bedingte Irritation zugrunde.

Das ist zunächst weder schlimm noch verwunderlich: Zeitgenossenschaft bedeutet ähnliche Erfahrungen, also auch ähnliche Ängste, Hoffnungen und Traumata. Normalerweise ändern sich mit den Jahren die Leser, und wie die fixierte, also unveränderte Deutung unter neuen Verhältnissen besteht, ist der erste Vergänglichkeitstest. Daraus, wie sich die Rezeption eines Werks verändert, kann man andererseits auf die Entwicklung des Publikums schließen. Beim *Vater eines Mörders* hat sich überraschenderweise die Lesart in fünfundzwanzig Jahren kaum geändert. Und wenn so schwere Deutungsstörungen so lange Zeit unbemerkt bleiben, muß das symptomatisch sein.

Wahrscheinlich spielt in diesem Fall auch die Attraktivität der falschen Lösung eine Rolle: Die Fabel vom bösen Direktor entlastete scheinbar vom Vorwurf schweren Versagens. Es war eine Not-Deutung, die den Autor in seiner Bedrängnis gerettet haben mag, und sie mochte die Leser in ähnlicher Bedrängnis erleichtern. Ich spreche jetzt vom Versagen und der Schuld der Deutschen während des »Dritten Reichs«. Mit Andersch konnte man die Perspektive des schuldlos schuldig gewordenen Opfers leichter übernehmen, weil Andersch nun wirklich von seinen deutschen Altersgenossen einer der am wenigsten schuldigen war: Er hatte schließlich die Machtergreifung der Nazis sogar zu verhindern versucht und im KZ gesessen. Seine unterschwellig im Text vermittelte Qual mag die Qual aller ausgedrückt haben, die gern etwas weniger schuldig gewesen wären. Und seine Not-Fabel mag alle beruhigt haben, denen die Katastrophe unerklärlich blieb. Allerdings perpetuiert eine falsche Lösung die zugrundeliegende Problematik. Wenn wir uns heute immer noch auf den bösen Direktor herausreden, bleiben wir in der Rolle derjenigen, die sich mit schlechtem Gewissen eine fadenscheinige Unschuld borgen.

Kein Vorwurf an Andersch. Es ist für Nachgeborene unmöglich zu sagen, was einer hätte besser machen können: Es ist schon für uns selbst schwer genug, etwas halbwegs gut zu machen, und vor Prüfungen durch Diktatur und Krieg bewahre uns das Schicksal. Ebensowenig können Nachgeborene sagen, wie einer seine Erfahrungen hätte deuten sollen. Wir können höchstens seine Deutung betrachten und uns aus größerer Distanz über seine Sprache den Erkenntnissen annähern, die er dämonisierend und bagatellisierend vermieden hat. Sie wahrzunehmen und die richtigen Folgerungen zu ziehen, wäre die Aufgabe.

»Die Mitschüler erschwerten mir den Alltag«
Mein Leben von Marcel Reich-Ranicki

Marcel Reich-Ranicki wurde 1920 in Włocławek an der Weichsel geboren und zog 1929 mit seinen Eltern nach Berlin, wo er das Gymnasium besuchte. Nach dem Abitur 1938 wurde er nach Polen deportiert; er überlebte das Warschauer Getto nur zufällig, nach einer dramatischen Flucht, mit viel Glück, während seine Eltern und sein Bruder ermordet wurden. Nach dem Krieg in Polen arbeitete er einige Jahre lang für den Geheimdienst, als Diplomat und als Redakteur. 1958 kehrte er nach Deutschland zurück, wo er zum einflußreichsten Literaturkritiker der zweiten Jahrhunderthälfte wurde. Das alles schildert er in seiner 1999 vorgelegten Autobiographie *Mein Leben*. Marcel Reich-Ranicki lebt in Frankfurt am Main.

Autobiographie

Auf den ersten Blick mag dieses Werk als Gegenstand meiner Untersuchung heikel erscheinen, denn:

Erstens sind Autobiographien nur sekundär ein künstlerisches Genre. Den Autoren geht es meist eher um Selbstdarstellung als um Erkenntnis, und die bürgerlichen Rücksichten, die der Autobiograph nehmen muß, wirken literarisch verflachend. Sogar die Autobiographien ungewöhnlich seriöser und geschmackvoller Künstler wie Arthur Miller leben eher von außerliterarischen Bezügen.

Zweitens ist dieser Autobiograph von Beruf kein Erzähler.

Drittens könnte man Anstoß daran nehmen, daß die Deutung traumatischer Ereignisse wie Verfolgung, Bedrohung, Gewalt und Mord einer sprachlichen Prüfung unterzogen wird.

Warum halte ich die Betrachtung dennoch für sinnvoll?

Erstens: Mein Thema ist in erster Linie *Erzählen als Lebensdeutung*, und Autobiographie ist die meist leidenschaftliche Deutung eines als besonders wichtig empfundenen Lebens. Da sie also bewußt parteiisch ist, andererseits aber der Realität in stärkerer Weise verpflichtet als Fiktion, lassen sich in diesem Genre die Spuren der Parteinahme besonders gut verfolgen: Jede Deutung ist auch ein Kompromiß zwischen Ego und Wirklichkeit, und je kompromißloser die Parteinahme, desto stärker muß der Autobiograph den Stoff trimmen, damit seine Deutung aufgeht.

Zweitens: Marcel Reich-Ranicki versteht sich nicht als Erzähler, aber er hat sich jahrzehntelang beruflich mit dem Erzählen befaßt und setzt seine Sprache zielbewußt ein.

Drittens: Je belastender eine Erfahrung, desto wichtiger ist für alle Beteiligten ihre Deutung. Unsere Deutungsdefizite den Faschismus betreffend habe ich im vorigen Kapitel angesprochen, dort im Zusammenhang mit einer Deutung von »Täterseite«. In diesem Kapitel liegt der Fokus auf der Opfer-Deutung.

Die erste Seite

Die erste Seite eines Buches, schrieb ich im vorigen Kapitel, sei gewissermaßen die Visitenkarte des Erzählers. Das gilt in besonderem Maße für Autobiographien. So beginnt Marcel Reich-Ranicki:

Es war Ende Oktober 1958 auf einer Tagung der »Gruppe 47« in der Ortschaft Großholzleute im Allgäu. Von den hier versammelten Schriftstellern kannte ich nur wenige – kein Wunder, denn ich lebte erst seit drei Monaten wieder in dem Land, aus dem mich die deutschen Behörden im Herbst 1938 deportiert hatten. Jedenfalls fühlte ich mich bei dieser Tagung isoliert; und so war es mir nicht unrecht, daß in der Mittagspause ein jüngerer deutscher Autor, mit dem ich mich im vergangenen Frühjahr in Warschau unterhalten hatte, auf mich zukam. Noch wußte ich nicht, daß schon am nächsten Tag, mit dem ihm verliehenen Preis der »Gruppe 47«, sein steiler Aufstieg zum Weltruhm beginnen sollte.[35]

Die ersten beiden Worte (»Es war«) erinnern an einen erhaben objektivierenden Erzählstil. Darauf folgt ein flotter, journalistisch routinierter Einstieg. Datum, Ort, Umfeld – die bei Veröffentlichung der Autobiographie längst legendäre Gruppe 47 – werden bezeichnet. Am Ende des Absatzes wird jemand – noch ohne Namen – vorgestellt, dessen Aufstieg zum Weltruhm unmittelbar bevorsteht und mit diesem Ereignis kausal verknüpft wird, was das Ereignis aufwertet.

Auch der Erzähler hat sich inzwischen eingeführt. Der zweite Satz kennzeichnet ihn als einen von deutschen Behörden zwanzig Jahre zuvor Deportierten, das heißt einen, dem in diesem Land krasses Unrecht widerfuhr. Ferner ergibt sich aus dem Satz, daß der Held zwar erst seit drei Monaten in dem Land lebt und nur wenige Schriftsteller kennt, aber schon in der Literaturszene verkehrt, man nimmt ihn also ernst. Im dritten Satz bezeichnet er sich als »isoliert«. Das ist ein starkes Wort. Wahrscheinlich würde jeder Mensch, der seit drei Monaten in einem neuen Land lebt, sich fremd fühlen, erst recht auf einer größeren Veranstaltung, auf der alle anderen sich kennen. Er aber fühlt sich »isoliert«, was impliziert: Man hat ihn isoliert. Isolieren ist ein aktiver Prozeß.

Ein Schriftsteller hat ihn also angesprochen, und es war ihm »nicht unrecht«. Nächster Absatz:

Dieser kräftige junge Mann, selbstsicher und etwas aufmüpfig, verwickelte mich nun in ein Gespräch. Nach einem kurzen Wortwechsel bedrängte er mich plötzlich mit einer einfachen Frage. Noch niemand hatte mir, seit ich wieder in Deutschland war, diese Frage so direkt und so ungeniert gestellt. Er, Günter Grass aus Danzig, wollte nämlich von mir wissen: »Was sind Sie denn nun eigentlich – ein Pole, ein Deutscher oder wie?« Die Worte »oder wie« deuteten wohl noch auf eine dritte Möglichkeit hin. Ich antwortete rasch: »Ich bin ein halber Pole, ein halber Deutscher und ein ganzer Jude.« Grass schien überrascht, doch war er offensichtlich zufrieden, ja beinahe entzückt: »Kein Wort mehr, Sie könnten dieses schöne Bonmot nur verderben.« (11)

Dieser zweite Absatz beginnt mit einer Personenbeschreibung: kräftig, selbstsicher, etwas aufmüpfig. »Kräftig« ist klar. »Selbstsicher« müßte eigentlich heißen: »Selbstsicher wirkend«. Das Wort »aufmüpfig« läßt die Machtfrage anklingen. Im zweiten Satz »bedrängt« der junge Autor den Helden mit einer »direkt« und »ungeniert« vorgebrachten Frage. »Bedrängt«, »direkt«, »ungeniert« – das läßt den Frager aggressiv erscheinen. Der Gefragte antwortet »rasch«, scheint also in Verlegenheit. Aus dem Kontext heraus (»von deutschen Behörden deportiert«), kann man sich vorstellen, daß er unangenehm berührt ist. Der Frager wiederum scheint von Reich-Ranickis improvisierter Antwort »entzückt«. Wie sich dieses Entzücken äußert, wird nicht beschrieben: Der Autobiograph stellt nicht dar, was Grass tut, sondern errät, wie Grass sich fühlt. Dessen Entzücken wird aus der Antwort »schönes Bonmot« abgeleitet – eine starke Interpretation, denn »entzückt« ist man im Leben selten; Entzücken über eine solche Antwort läßt den Frager zudem gefühl- und geschmacklos erscheinen, da das, was er als »schönes Bonmot« bezeichnet, für den anderen schon einmal das Todesurteil enthalten hatte. Ganz nebenbei zeigen Grass' Frage (»Was sind Sie eigentlich?«) und Antwort (»Kein Wort mehr!«), daß auch sein Machtinstinkt gut entwickelt ist.

Der Text dieser ersten Seite ist also, trotz der auf den ersten Blick objektivierend-journalistischen Erzählweise, hoch emotional. Er stellt einen defensiven (einst deportierten, im Land noch fremden) Helden vor, der an einem bedeutenden kulturellen Ereignis teilnimmt. Ein junger Mann taucht auf, der am nächsten Tag einen »steilen Aufstieg zum Weltruhm« beginnen wird und den Helden mit einer »ungenierten« Frage nach dessen Identität bedrängt. Der Held vermag den jungen Aufsteiger mit seiner Antwort zu entzücken, damit endet diese Kommunikation.

Im folgenden Absatz, wir sind inzwischen auf der zweiten Seite, erklärt der Autobiograph, daß an seiner Antwort »kein einziges Wort« gestimmt habe, und gibt sich als jemand zu erkennen, der nirgendwohin gehört (S. 12). Der wegen seiner Abstammung Verfolgte problematisiert seine Identität, das ist eine normale Reaktion, die sich bei vielen seiner Leidensgenossen beobachten ließ und läßt. Der Satz »Was sind Sie denn eigentlich?« wurde folgerichtig die Überschrift dieses ersten Kapitels. Und das Generalthema des Buchs.

Generalthema und wichtigste Motive

Die weiteren Seiten des Anfangskapitels fügen die Bestandteile dieser Identität zusammen: Herkunft, Kindheit, Heimat. Die jüdische Familie Reich lebte in Polen und gehörte dort anscheinend der Oberschicht an. Des Autobiographen Vater war »ein erfolgreicher Kaufmann […], der es zu einigem Wohlstand gebracht hatte: Er besaß in Plozk (Płock) ein stattliches Mietshaus. An der Erziehung seiner Kinder hat er nicht gespart«. Er »war musikalisch, er spielte in jungen Jahren Violine«. Allerdings war er »schon in jungen Jahren ein willensschwacher Mensch […] – und [ist] es auch geblieben.« (13)

Was für Andersch gilt, gilt auch für Marcel Reich-Ranicki und jeden anderen Erzähler: Gerade am Anfang lohnt es sich, genau hinzusehen. Aus der Exposition erfahren wir viel über Wahrnehmung und Haltung des Erzählers. Bei Marcel Reich-Ranicki bemerken wir eine Serie von Feststellungen, die nur vage begründet werden und nicht konsistent erscheinen. Niemand ist allein deswegen musikalisch, weil er »in jungen Jahren Violine« spielt. Und »erfolgreicher Kaufmann« paßt nicht zu Willensschwäche. Worin die Willensschwäche bestand, wird nicht gesagt. Der Autor charakterisiert seinen Vater nicht. Ob aus Pietät oder Unvermögen, läßt sich noch nicht sagen.

Reichs Mutter war die Tochter eines armen Rabbiners. Sie liebte die deutsche Dichtung, zitierte daraus bei Tisch und sprach »bis zum Tag, an dem man sie in Treblinka vergaste, […] ein makelloses, ein besonders schönes Deutsch« (16): Auch die Mutter wird nicht charakterisiert. Ihre Liebe zur deutschen Sprache und Dichtung wird in unmittelbare Verbindung zu ihrer Ermordung gebracht.

Dem fünfjährigen Marcel ließ Frau Reich die Aufschrift »Ich bin artig« aufs Hemd sticken, weshalb der in der Schule gehänselt wurde und »brüllend und prügelnd« seine Unartigkeit bewies. »Meine lebenslängliche[36] Neigung zum Trotz – sollte sie damals ihren Anfang genommen haben?« (19). Diese Frage bleibt offen, auch wenn ihr Anlaß (das Hemd mit der Aufschrift »Ich bin artig«) den kleinen Marcel zu entschuldigen scheint.

Eingeschult wird Marcel gleich in die zweite Klasse einer deutschen Schule, weil ein Kinderfräulein »sich einen Spaß daraus gemacht« hatte, ihm »nebenbei und ohne viel Mühe das Lesen beizubringen« (20). Daß er als einziger schon Bücher las, »hat den Neid der Mitschüler geweckt. Von Anfang an fiel ich aus dem Rahmen, ich war ein Außenseiter.« (21) Marcel ist begabt, erfahren wir. Und: Er selbst mag sich ein Rätsel sein, doch seine Mitschüler sind ihm keins. Er weiß, was sie bewegt: Neid.

Marcels Mitmenschen treten im Plural auf, während er für sich allein steht. Seine Mitschüler sind (offenbar alle) neidisch. Er stellt sie nicht als Individuen dar, sondern als Kollektiv, und zwar ein feindseliges. Auf derselben Seite im selben Zusammenhang taucht noch ein Kollektiv auf: das der »deutschen Autoren«. Marcel Reich-Ranicki hat ihnen gegenüber gescherzt, er könne »bis heute« besser lesen als schreiben, und »unseren oft mit einem kindlichen Gemüt gesegneten Schriftstellern bereitet diese Äußerung geradezu diebisches Vergnügen« (20f). Warum sind »unsere« (das meint wohl die deutschen, im Gegensatz zu anderen) Schriftsteller »mit einem kindlichen Gemüt gesegnet«? Weil ihnen Marcel Reich-Ranickis selbstironischer Scherz Vergnügen bereitet, »diebisches« zudem. Diebisch heißt, daß sie sich auf seine Kosten zu amüsieren glauben, während sie in Wirklichkeit seine Ironie nicht bemerken. Wir erhalten keinen guten Eindruck von diesem Kollektiv.

> *Doch [sc. trotz Neid und Spott] alles in allem hatte ich in dieser evangelischen Volksschule nicht viel Kummer, zumal ich von unserer Lehrerin, einem deutschen Fräulein namens Laura, freundlich behandelt wurde. Das hatte einen guten Grund: Sie entlieh sich von meiner Mutter deutsche Bücher, die diese immer wieder aus Berlin bezog. Noch kann ich mich entsinnen, worauf das Fräulein, deren stattlicher Busen mich sehr beeindruckt hat, ungeduldig wartete. Es war keines der großen Kunstwerke jener Zeit, wohl aber ein Roman, der damals ganz Europa irritierte: Remarques* Im Westen nichts Neues. *(21)*

Die Freundlichkeit der Lehrerin hat »einen guten Grund«: die Bücher von Mutter Reich. Diese Formulierung impliziert, daß

Fräulein Laura ohne diese Leihgabe unfreundlich gewesen wäre. Was ist passiert? Hat Fräulein Laura Marcel am Ohr gezogen, wenn er ohne Bücher kam? Falls ja, wird das nicht erzählt: Es bleibt bei einem Verdacht, der Fräulein Laura in ein schlechtes Licht setzt. Ansonsten erfährt man noch zwei Dinge über sie: daß sie einen »stattlichen Busen«[37] hatte, der den kleinen Marcel mehr beeindruckt als ihre Freundlichkeit, und daß sie mit besonderer Ungeduld auf *Im Westen nichts Neues* wartet, ein Buch, das vom Autobiographen bei dieser Gelegenheit als zweitrangig klassifiziert wird.

Interessant ist der Absatz, weil er den einzigen Versuch einer Personenbeschreibung in diesem Kapitel darstellt. An ihm fällt auf, daß der Autobiograph Fräulein Laura offenbar nicht schätzte, das aber nicht sagen will oder nicht weiß. Er schreibt nicht: »Ich mochte sie nicht, weil …« (was nicht nur aus der Sicht eines Kindes verständlich wäre), sondern simuliert ein »objektives« Porträt. Die erzählerische Folge ist Verlust der Aussagekraft: Das Bild wird unscharf, ein Charakter geht nicht daraus hervor. Subjektivität ist in Erzählungen kein Problem, solange sie dem Erzähler bewußt ist. Gibt sie sich objektiv, wirkt sie verzerrend. Jede Verzerrung hat eine psychische Funktion. Wenn sie ins Positive geht, zeigt sie des Deuters Bedürfnis zu idealisieren. Geht sie ins Negative, zeigt sie sein Bedürfnis, zu verachten oder zu strafen. Man fragt sich, was hier der Fall war. Hat der Autobiograph eine persönliche Rechnung mit Fräulein Laura offen (welche?), oder nimmt er sich die Lehrerin als Stellvertreterin vor (wovon)?

Die polnische Kindheit geht ihrem Ende entgegen: 1929 macht Vater Reich bankrott.

> [Das] hatte zwei Gründe: die große Wirtschaftskrise und meines Vaters Mentalität. Er war solide und anspruchslos, gütig und liebenswert. Nur hatte er leider den falschen Beruf gewählt […] (22)

> *an der ganzen Katastrophe [...], versteht sich, unschul-*
> *dig. [...] So viele Vorzüge [sie] hatte, sie war – in dieser*
> *Hinsicht meinem Vater nicht unähnlich – vollkommen*
> *unpraktisch. (23)*

Der Vater machte bankrott, weil er leider den falschen Beruf gewählt hatte, und die Mutter war an der ganzen Katastrophe, versteht sich, unschuldig. Was konkret passierte, wird nicht erzählt. Wir bekommen widersprüchliche Erklärungen: Was sich »rings um [ihn] abspielte«, habe Marcel mit seinen neun Jahren nicht begreifen können, dennoch: »Zuviel wurde in unserer Wohnung, auch in meiner Gegenwart, geweint, als daß mir die Familienkatastrophe hätte entgehen können« (24). Auf Aussagen, die sich unmittelbar, manchmal von Satz zu Satz widersprechen, werden wir noch oft stoßen.

Folge des Bankrotts: Die Familie muß die Stadt verlassen. Reiche Verwandte in Berlin sind bereit, sie aufzunehmen. Vorher wird Marcel zu seiner Lehrerin geschickt, um sich zu verabschieden.

> *Das Fräulein Laura mit dem wogenden Busen richtete*
> *den Blick in die Ferne und verkündete ernst und feierlich:*
> *»Du fährst, mein Sohn, in das Land der Kultur.« (25)*

Im nachhinein, aus der Erfahrung des Faschismus, klingt diese Bemerkung wie Hohn, und der Autobiograph verwendet sie reaktiv zu einer Karikierung des Fräuleins Laura: neutraler Artikel (»das« Fräulein), triviale Wortfügungen (»wogender Busen«), »Blick in die Ferne« (im Klassenzimmer), »ernst und feierlich« (vgl. Heine: »seufzte lang und bang«), unorganisch theatralische persönliche Rede (»Du fährst, mein Sohn …:«)[38]. Auch der Umzug nach Berlin wird sarkastisch beschrieben: Der Autobiograph weiß, wieviel Schlimmes ihm bevorsteht.

In den letzten beiden Absätzen des Kapitels, während Familie Reich im Zug nach Berlin sitzt, hebt er die Fallhöhe noch etwas an:

> *Der Weg war weit, erst abends würde ich in jener Märchenwelt anlangen, die mir meine Eltern ausgemalt, in jenem Traumland, das sie mir versprochen hatten. Neugierig wartete ich auf das Ende der Bahnfahrt – [...] das Wunder Berlin. (25)*

Erzähltechnik

Wenn Erzählen mit Erkennen zu tun hat, muß etwas erkannt werden, bevor man es erzählen kann. Erkennen läßt sich menschliches Geschehen an Handlungen, Charakteren, Interaktionen.

Handlung heißt: Jemand tut etwas.

Charakter: Jemand handelt auf charakteristische Weise, die Rückschlüsse auf sein Wesen zuläßt.

Interaktion: Wenn zwei Charaktere aufeinandertreffen, reagieren sie aufeinander. Persönliche *Beziehungen* ergeben sich möglicherweise, wenn bestimmte Individuen regelmäßig und spezifisch interagieren.

Wie ist das bei Marcel Reich-Ranicki?

Konkrete persönliche Handlungen kommen nicht vor. Geschildert wird nichts. Physische Handlungen werden nicht beschrieben, höchstens erwähnt: »Es wird« in der Wohnung »geweint«. Meist verwendet der Autor Überbegriffe: Marcels Schwester »wird« wegen ihres deutschen Namens in der Schule »oft verhöhnt« (18). Wie das konkret aussah und was »oft« bedeutet (monatlich, wöchentlich, täglich?), erfährt der Leser nicht. Passivkonstruktionen (es »wird« geweint, verhöhnt) machen die Handelnden unsichtbar. Viele Aktivkonstruktionen sind mehrdeutig: Wenn es heißt, ein Kinderfräulein »hatte sich einen Spaß daraus gemacht, mir nebenbei und ohne viel Mühe das Lesen beizubringen« (20), weiß man weder, wie das konkret vor sich ging, noch, was er mit »ohne viel Mühe« meint (hatte er keine oder gab sie sich keine?). »Sich einen Spaß machen« klingt so, als habe das Mädchen sich auf Kosten Marcels amüsiert, aber der Autor begründet diese Annahme nicht. In anderen Passagen deutet er Handlungen nicht einmal an, sondern ersetzt sie gleich durch vermutete Intentionen: Marcels Mitschüler waren neidisch, weil er schon lesen konnte. Wie äußerte sich das? Klauten sie ihm das Pausenbrot? Kein Hinweis. Des Autobiographen Behauptung wird als Handlung ausgegeben. All diese Intentionen von sind tendenziell negativ. Formal handelt es sich um Unterstellungen. Eine Autonomie des Erzählten, die dem Zuhörer eine eigene Vorstellung ermöglicht, kommt nicht zustande.

Da wir keine Handlungen sehen, sehen wir auch keine Personen. Jede Person erscheint nur in Marcels Bewertung, die nie begründet wird. Sein Vater sei »gütig und liebenswert« (22), seine Mutter habe »viele Vorzüge« (23). Der Schulleiter ist ein »besonders strenge[r] Mann, der, wenn ich recht informiert bin, in den ersten Tagen des Zweiten Weltkriegs von den Polen als deutscher Spion hingerichtet wurde« (20). Marcel bewertet seine Familie positiv (gütig, nobel, solide, kultiviert), nennt aber kein Beispiel für eine gütige, noble, kultivierte Handlung. Er suggeriert dabei Objektivität (nicht er persönlich liebte seinen Vater, sondern der »war« für alle »liebenswert«). Der Autobiograph nimmt Personen, die nicht zur Kernfamilie gehören, als feindselig wahr, Abweichungen gibt es nur innerhalb des recht schmalen Spektrums zwischen latenter und offener Feindseligkeit. Kein einziges Mal wird berichtet, wie sich diese Feindseligkeit äußert. Diese Undeutlichkeit hat etwas Irreales und verstärkt dadurch den Eindruck von Bedrohung. Gegen die Bedrohung setzt der Autor seine Hellsicht: Er weiß, was seine Mitmenschen bewegt, und erklärt uns ihre Motive. Fräulein

Laura ist freundlich, weil Mutter Reich ihr Bücher leiht. Die Mitschüler sind »neidisch«. Da ein Hauptmerkmal des Menschen seine Widersprüchlichkeit ist, nimmt der Autor seinen Figuren mit der Komplexität auch ihre Individualität.

Da Charaktere in dem Kapitel nicht vorkommen, können sie nicht interagieren. Folgerichtig sieht man in Marcels Kindheit nie zwei Personen miteinander etwas tun, sich unterhalten, zueinander in Beziehung treten. Man sieht nur eine Person, das ist Marcel.

Wir haben hier ein beeindruckend komplettes paranoides System: Alles Böse kommt von außen. Freilich wird dieses System einige Kapitel später eine monströse Rechtfertigung erfahren, und auch eine eventuelle Vorschädigung weiß der Autobiograph zu begründen: »Es sind die Jahrhunderte, Jahrtausende währenden Schikanen und Verfolgungen« (471), denen die Juden in Europa ausgesetzt waren. »Vielleicht sollte man den Juden diese Mischung aus Mißtrauen und Überempfindlichkeit nicht zu sehr verübeln« (470). Verübeln sollte man sie überhaupt nicht. Es sei aber festgehalten, daß sich mit diesem simplen Konzept, so berechtigt es subjektiv sein mag, nichts differenziert erzählen läßt: Es blockiert die entscheidende Deutungsinstanz im Autor (die »erkennende«) und somit alle Elemente des Erzählens. Handlungen, Individuen und Beziehungen sind, da sie nur undeutlich wahrgenommen werden, auch nicht darstellbar. Sie werden durch Projektionen ersetzt. Der Autor gibt seine Bewertung als Erzählung aus.

Die Wirkung auf den Leser

Über den substantiellen Schwächen dieser Erzählsprache sollte man ihre Deutungsenergie nicht verkennen. Neben den besprochenen Passivkonstruktionen, vagen Zeit- und Mengenangaben, unsichtbaren Handlungen und Projektionen fallen insbesondere die vielen leeren Adjektive, Adverbien und Umschreibungen auf. Mit ihnen (»nicht selten«, »nicht unähnlich«, »versteht sich«, »besonders«, »vollkommen« usw.) ist Marcel Reich-Ranickis Stil gespickt. Sie blähen seine Prosa auf und verleihen ihr eine gewissermaßen schlingernde Stoßkraft, deren Richtung sich zunächst nicht erschließt, da sie inhaltlich nichts hergeben: Wenn etwas »nicht« selten ist, muß auch das »selten« nicht gesagt werden. Wenn etwas »sich versteht«, muß man das ebenfalls nicht betonen. Und, im Kontext: »Vollkommen unpraktisch« (S. 23) sagt nicht mehr aus als »unpraktisch«, denn »unvollkommen unpraktisch« kann keiner sein. Die Zusätze scheinen die Aussagen zu präzisieren, aber sie tun es nur gestisch; in Wirklichkeit emotionalisieren sie. Diesen Effekt kennen wir aus der Alltagssprache, mit denselben Implikationen: Der »sehr tiefe« See ist nicht nachweisbar tiefer als der »tiefe«, denn keiner weiß, wie viele Meter das »sehr« dem »tief« hinzufügt. »Sehr« bedeutet nur, daß der Sprecher den See als besonders tief *empfindet*, wobei er die Empfindung sprachlich in eine Eigenschaft des Gegenstandes verwandelt. In der Alltagssprache ist das in Ordnung, denn die Beteiligten wissen, was gemeint ist, und Gefühl, auch unausgesprochenes, belebt die Verständigung: Der naive Zuhörer wird nun seinerseits von der Tiefe des Sees beeindruckt sein. Der See ist ein harmloses Beispiel. Aber mit denselben sprachlichen Mitteln lassen sich ganze Weltbilder übertragen, und man sollte imstande sein, sie zu erkennen. Marcel Reich-Ranickis Erzählung ist emotionaler, als sie sie wirkt. Das macht sie suggestiv. Die eingeschränkte, beunruhigend löchrige und einseitig selektive Wahrnehmung, die ihr zugrunde liegt, überträgt sich zusammen mit den unausgesprochenen Gefühlen des Autors auf den Leser, der mangels Information keine Chance zu einer anderen Bewertung des Geschehens erhält. Er blickt, bildlich gesprochen, durch ein unscharfes Fernrohr, während ihm intensiv erklärt wird, was er zu sehen habe.

Suggestion löst beim Empfänger Unbehagen aus, da sie ihn fremdbestimmt: Sie redet ihm eine Anschauung ein, die seiner

Beobachtung nicht entspricht. Das schwächt sein Selbstgefühl. Aufs unscharfe Fernglas bezogen: Er wird vielleicht an seinen eigenen Augen zu zweifeln beginnen: »Na ja, der (andere) ist ein preisgekrönter Scharfschütze, und ich bin normaler Brillenträger, es wird schon so sein.«

Auch rein verbale Suggestion schwächt die Wahrnehmung des Empfängers. Der ungenaue Stil ist das unscharfe Fernglas. Suggestion trickst das Bewußtsein aus, das Eindrücke normalerweise prüft. Dadurch wird die Vernunft und somit Integrität des Menschen beeinträchtigt. Verlust der Integrität löst Unsicherheit und Unbehagen aus, das sich, bei starker Suggestion, in Angst und Wut verwandeln kann. Suggestion will den Adressaten nicht überzeugen, sondern überwinden; sie arbeitet mit verdeckten Mitteln, weil sie die offene Darstellung scheut. Bildlich gesprochen: Wäre sich der Suggestor seiner Sache sicher, bräuchte er kein unscharfes Glas.

Ich habe gezeigt, wie Prosa unterschwellige Wirkung erzeugen kann, obwohl ihre Mittel eigentlich zu Tage liegen. Aber um Suggestion zu erkennen und zu neutralisieren, reicht Sprachbewußtsein nicht aus. Auch in unserem Fernrohr-Beispiel bräuchte der Empfänger, der seinen Augen vertraut, Selbstbewußtsein, um zu antworten: »Warum soll ich bestätigen, was ich nicht sehe?« Nicht nur Sehschwäche, auch Ängstlichkeit erhöht die Suggestibilität.

Die nächste Lebensstation: Berlin

Zurück zum Autobiographen Reich-Ranicki. Seine Berliner Zeit (1929–1938) ist wie die polnische Kindheit geprägt von sozialem Streß. Marcel zieht zu reichen Verwandten. Als er am ersten Abend ein Ei nicht ganz aufißt, belehrt ihn seine Tante »knapp und streng: ›So ißt man Eier in Deutschland nicht.‹« Der Autobiograph erläutert: »Damals habe ich wohl zum ersten Mal in meinem Leben das Wort ›Deutschland‹ gehört –

und es klang nicht gerade freundlich.« (28) Hier, denke ich, sagt er die Unwahrheit. Seine Mutter rezitierte deutsche Gedichte, er besuchte in Polen die deutsche Schule, Fräulein Laura verkündete: »Du fährst in das Land der Kultur«, seine Eltern hatten ihm die neue Heimat als »Märchenwelt« und »Traumland« ausgemalt – und da soll das Wort »Deutschland« nie gefallen sein? Das scheint mir ausgeschlossen, zumal der Begriff damals noch nicht dämonisch konnotiert war. Plausibel scheint folgender psychologische Mechanismus: Marcel ist jung, fremd, allein (die Eltern sind anderswo untergekommen), und die Tante rügt den kleinen Kostgänger in wenig einfühlsamer Weise. Das ist ein Schock. Er rettet sich, indem er das Belastende der Situation nach außen projiziert. Nebenbei verbucht der Autobiograph bei der Schilderung dieses ersten Berliner Abends noch einen kleinen Punkt für Prophetie.

Am ersten Schultag verbucht er den nächsten. Er sieht, wie der Lehrer einen Schüler mit dem Rohrstock schlägt. »Im Land der Kultur wurden Kinder von ihren Erziehern mit dem Rohrstock geprügelt. Da konnte etwas nicht stimmen.« (30f) Schon an seinem ersten Schultag durchschaut der kleine Marcel das »Land der Kultur« als Schwindel. Ab diesem Tag in Deutschland spürt er etwas, »was ich nie ganz überwinden konnte, was mich ein Leben lang begleitete. […] Ich meine die Angst – vor dem deutschen Rohrstock, dem deutschen Konzentrationslager, der deutschen Gaskammer, kurz: vor der deutschen Barbarei. Und die deutsche Kultur […]? Auch sie ließ nicht lang auf sich warten. Ziemlich schnell geriet ich in den Bann der deutschen Literatur, der deutschen Musik. Zu der Angst kam also das Glück hinzu – zur Angst vor dem Deutschen das Glück, das ich dem Deutschen verdankte.« (31)

Später wird er diese Dichotomie zuspitzen: »Deutschland – das sind in meinen Augen Adolf Hitler und Thomas Mann. Nach wie vor symbolisieren diese beiden Namen […] die beiden Möglichkeiten des Deutschtums.« (104f) Man beachte die Kombination aus Ungenauem (»Möglichkeiten«, »Deutschtum«) und Scheinpräzision (»die beiden«, »Adolf Hitler und Thomas Mann«): eine klassisch suggestive Wendung, die die Wahrnehmungsschwäche des Autors vorbildlich illustriert: Zwischen Angst und Glück, Schwarz und Weiß, Böse und Gut ist Leere. Den Raum zwischen den Extremen blendet der Autobiograph aus.

Wie schlägt sich das auf seine weitere Erzählung nieder? Die Mitschüler »erschweren« ihm alsbald wieder »den Alltag«. »Sie sahen in mir […] den Ausländer, den Fremden. Ich war etwas anders gekleidet, ich kannte ihre Spiele und Scherze nicht, noch nicht. Also war ich isoliert.« (31)

Das Kindheitsmuster setzt sich fort: Man weiß nicht, was sie taten, außer daß es feindselig war (»erschwerten« ihm »den Alltag«), man erfährt über sie nur, was sie in ihm »sahen«, und wieder sind »sie« alle gleich. Da weiterhin alles vage bleibt, ist es auch uninteressant, und man würde wohl aufgeben, wenn sich nicht am Ende dieses Kapitels eine Wende andeutete: Marcel entdeckt die Literatur. Und durch sie das Leben.

Genese eines Kritikers

Er liest nämlich Bücher und findet daran

> […] *immer mehr Spaß. Und ehe ich mich's versah, da war's um mich geschehn. Ich war glücklich – wohl zum ersten Mal in meinem Leben. Ein extremes, ein unheimliches Gefühl hatte mich befallen und mich überwältigt. Ich war verliebt. Halb zog sie mich, halb sank ich hin – ich war verliebt in sie, die Literatur. (35)*

Vorher war er offenbar nie glücklich, jetzt schon. Um das erste starke, positive Gefühl seines Lebens auszudrücken, benützt er zwei lyrische Zitate (»war's um mich geschehn«, »halb zog sie mich …«), wobei das zweite eine erotische Konnotation hat.

Seine eigene Beschreibung ist ungenau (»unheimliches Gefühl«), bei dramatischer Lexik (»extrem«, »befallen«, »überwältigt«). Die Macht dieser Liebe allerdings drücken sie aus, und sie wird bleiben: Man begreift, daß die Literatur für ihn alles ist, mehr als andere Menschen und wohl auch mehr als für die meisten anderen Menschen. Sie ist seine Brücke zum Leben, das sich ihm sonst verschließt.

Der halbwüchsige Marcel liest also das, was Schüler damals lasen (*Ben Hur*, *Die letzten Tage von Pompeji*, *Die Ahnen*, *Ein Kampf um Rom*), und zeigt sofort beträchtliche Urteilslust. Mit Peter Rosegger »konnte ich nicht viel anfangen« (32), *Lederstrumpf* liest er »respektvoll und doch ein wenig gelangweilt«, Karl Mays Bücher »regten mich auf«, weil der »deutsch[e] Autor« »sich nicht genierte, die billigsten Mittel zu verwenden« (36), Gustav Freytags *Ahnen* erscheinen ihm »wacker«, »bemüht«. Am stärksten prägt sich ihm Felix Dahns *Kampf um Rom* ein, »ein mit Kontrasteffekten glänzend operierendes Riesenfresko«, in dem er sich mit dem »körperlich schwache[n] und gelähmte[n]« Feldherrn Narses identifiziert, dem »Stratege[n], der allen anderen hoch überlegen ist« (37) – man beachte das erkannte Leitmotiv, die Kombination aus unverschuldetem Unglück und verdienter Überlegenheit. Über Bücher schreibt der Autobiograph plastischer als übers wirkliche Leben, da verfügt er auch über einen größeren Wortschatz. Zu ihnen und ihren Helden nimmt er eine Beziehung auf, was er im wirklichen Leben kaum tut.

Interessant ist, daß er sogleich kritisiert: Wenn ihm was mißfällt, ist er ungnädig. Er will der Literatur nicht demütig als Sklave anhängen, sondern stellt Ansprüche.

Dankbarkeit und Urteilslust widersprechen sich nicht. Man kann das so verstehen: Bisher gab es zur Bewertung der Welt nur eine Dimension (für/gegen Marcel), und der Autobiograph mußte seinen Stoff bis zur Unkenntlichkeit verstümmeln, um ihn auf diese Linie zu bringen. Allerdings reichte das, bei aller Leidenschaft, zur Orientierung nicht aus. Nun betritt der ver-

störte Halbwüchsige die weiträumige, sinnliche, erfahrungs-
gesättigte, ästhetisch ansprechende und bedeutsame Welt der
Literatur. Hier wird er erlebnisfähig, entwickelt Sprachvermö-
gen und Urteilskraft. Hier findet er nicht nur eine Wertaura,
sondern auch etwas scheinbar Absolutes: eine qualitative Hierarchie. Er kann sich jetzt justieren. Wenn er früher nicht ge-
schätzt wurde, war das lediglich von subjektiver Bedeutung.
Jetzt aber integriert er sich in ein etabliertes, prestigeträchtiges
System.

Hierarchie scheint ihm sogleich wichtig zu sein. Das zeigt
sich im klassifizierenden Vokabular. Erfolg wird immer erwähnt, oft noch bevor ein Name genannt wird. Der »Bestseller
Ben Hur« (36), *Quo vadis* des »polnischen Nobelpreisträgers
Henryk Sienkiewicz« (36), der »inzwischen vergessene« Ema-
nuel Geibel (36). Erfolg wird auch im einschränkenden Kontext
verhandelt: »Die als besonders empfehlenswert geltenden deutschen historischen Romane aus dem neunzehnten Jahrhundert« (37) hält er offenbar nicht für empfehlenswert, was er
aber nicht direkt sagen will. Selbst wenn er recht hat: Er bringt
kein literarisches Argument. Er erwähnt nur ihre »auffallend
patriotische Tendenz« (37).

Anhand nicht belegter Prädikate (»groß«, »bedeutend«,
»bemüht«, »inzwischen vergessen«) erstellt er Ranglisten. Un-
angefochtene Klassiker (Goethe, Shakespeare) lobt er, während er die Kleineren rügt. Er muß in der Schule Böcklin und
Rosegger lesen: »So gut meinte es das Leben mit mir nun doch
nicht« (32). Indem er nebenbei sagt »keiner von den ganz Großen«, erklärt er einen Autor für Mittelmaß, während er sich
selbst, Überblick demonstrierend, neben die »Großen« stellt.
Das Vergleichen, Herauf- und Herabsetzen wird er nie lassen
können. Dennoch würde es zu kurz greifen, das nur als Machtausübung zu sehen: Mindestens ebenso ausgeprägt wie sein
Machtinstinkt scheint sein Bedürfnis nach Orientierung. Als
der Gymnasiast keinen Zugang zu Shakespeares *König Lear*
findet, macht er sich beinah ein bißchen Sorgen: »[…] der *Lear*

gehört doch zu den berühmtesten Tragödien der Weltliteratur« (119). Das Problem löst sich mit den Jahrzehnten und wird schließlich durch den Satz des 78jährigen Goethe geadelt: »Ein alter Mann ist stets ein König Lear« (120). Auch spätere Bewertungsirritationen werden berichtet und berichtigt. Daß später im Warschauer Getto der junge Reich lieber Erich Kästner als Hölderlin und Rilke las, erklärt er noch fünfzig Jahre später in seiner Autobiographie mit situationsbedingtem Widerwillen gegen die »Orakelsprüche« der »Propheten mit dem priesterlichen Gestus«, worauf er die Verhältnisse sogleich zurechtrückt: »Es ist im Grunde unmöglich, Kästner in einem Atemzug mit Rilke und George zu nennen oder gar mit Hölderlin. Aber in manchen Situationen des Lebens hat man keine Geduld für Bruckners Symphonien, wohl aber eine Schwäche für Gershwin« (42).

Ebenso wird ihm später der Erfolg des Autors Grass zu schaffen machen, dessen *Blechtrommel* er verriß. In diesem Fall wird er sich sogar Unrecht geben, was weniger verwunderlich ist, als es zunächst scheint: Schließlich möchte er sich im Einklang mit dem allgemeinen literarischen Wertsystem fühlen, aus dem er seine Autorität bezieht.

Kästner, *König Lear* und Grass sind Ausnahmen. Zumeist verteilt der Autobiograph seine Zensuren ohne sichtbaren Zweifel. Fast jeder Name oder Titel der Weltliteratur wird reflexhaft kategorisiert, gelegentlich mit komischem Effekt, wie etwa bei Remarques *Im Westen nichts Neues*, dem Buch, auf das Fräulein Laura in den zwanziger Jahren so ungeduldig wartete: »[…] keines der großen Kunstwerke jener Zeit« (21) muß der alte Marcel Reich-Ranicki siebzig Jahre später unweigerlich bemerken. Vielleicht konnte er der Versuchung nicht widerstehen, hier zwei Fliegen mit einer Klappe zu schlagen?

Schriftsteller werden von Laien immer wieder gefragt, ob Marcel Reich-Ranickis literarisches Urteil eigentlich ernst zu nehmen sei. Vorgreifend sage ich nun: Die Rezensionen aus seiner guten Zeit belegen, daß es wesentlich besser war, als es nach diesen Passagen scheint. Ich habe bisher textimmanent interpretiert, das heißt, ich ging nur von dem aus, was in der Autobiographie zu lesen ist. Und daraus läßt sich literarische Kompetenz nicht schließen: Wer Shakespeare gut findet, beweist damit noch kein unabhängiges Urteil. Und die Ranglistenmanie halte ich für eine Unart, die wohl im Alter Überhand genommen hat. Die Rezensionen aus Marcel Reich-Ranickis bester Zeit dagegen zeugen von Genauigkeit und Gespür, vor allem aber von einer Zuwendung und Skrupulosität, wie er sie dem wirklichen Leben gegenüber zumindest in seiner Autobiographie nicht erweist.

Liebe zur Literatur

Bücher sind einfacher wahrzunehmen als Menschen. Sie entziehen sich nicht dem Kontakt. Sie formen und verdichten das amorphe Leben. Falls sie gut sind, enthalten sie Gefühl, Sinnlichkeit, Beziehungen, Welt; nebenbei die ganze Palette der höheren Deutung: Geist, Tragik, Komik, Humor. Es gibt viele Hinweise, daß Marcel Reich-Ranicki, jenseits seiner Bewertungssucht, all das wahrgenommen hat und daß es für ihn von existentieller Bedeutung war. Als er in *Tonio Kröger* Tonios Klage liest, er (Tonio) sei oft sterbensmüde, »das Menschliche darzustellen, ohne am Menschlichen teilzuhaben«, fühlt er sich

> *tief getroffen: Die Furcht, nur in der Literatur zu leben und vom Menschlichen ausgeschlossen zu sein, die Sehnsucht also nach jener schönen, grünen Weide, die rings umher liegt und doch unerreichbar bleibt, hat mich nie ganz verlassen. Diese Furcht und diese Sehnsucht gehören zu den Leitmotiven meines Lebens. (103)*

»Die Sehnsucht also nach jener schönen, grünen Weide, die rings umher liegt und doch unerreichbar bleibt«, besser läßt sich das nicht sagen. Marcels Liebe zur Literatur ist echt, und ihr verdanken wir die ergreifendsten Passagen seiner Autobiographie.

Über Bücher nimmt er sogar Beziehungen zu Menschen auf. Ein schönes Porträt zeichnet er von seinem Deutschlehrer Dr. Knick. Die Darstellung ist unbeholfen – das Instrumentarium des Autobiographen bleibt hier dem Trivialen verhaftet –, aber auf einmal findet er einen beinah zärtlichen Duktus: »[Dr. Knick war] ein Schwärmer, ein Enthusiast, einer vom Geschlecht derer, die glauben, ohne Literatur und Musik […] habe das Leben keinen Sinn«; »[Er] war nicht nur ein vielseitiger und hervorragender Pädagoge […], sondern auch ein musischer Mensch, ja ein Künstler, nämlich ein Regisseur […]« (49). Dr. Knick, der sich feierlich und mit zitternder Stimme vor der Klasse gegen den Antisemitismus ausspricht (48), worauf er von der Gestapo verhört und schließlich an eine andere Schule versetzt wird, hat Marcels Liebe zur Literatur gefördert und auf seine Lektüre Einfluß genommen. Geduldig erklärt er dem kritischen Marcel Shakespeares *Sturm*:

> »*Ich verstehe dich gut, aber du verkennst die Realität. Die menschliche Gesellschaft besteht nicht nur aus den Repräsentanten des Geistes wie Prospero […], dazu gehören auch solche Wesen wie Caliban, sowenig er dir gefallen mag. Das sind zwei Seiten derselben Sache, und beide sind wichtig. Paß auf – heute zumal –, daß du nicht nur die eine Seite wahrnimmst und die andere übersiehst.*« (51)

Zum ersten Mal hören wir Marcel mit jemandem reden. Zum ersten Mal sagt jemand etwas Persönliches zu ihm, und man ahnt, was es ihm bedeutet, sonst würde er nicht versuchen, es fünfundsechzig Jahre später wörtlich zu zitieren. Später wird

Dr. Knick Marcel auch privat empfangen, sich seine Leseeindrücke anhören und sein Urteil bestätigen oder korrigieren. Marcel Reich-Ranicki erzählt von diesen Begegnungen nüchtern, aber genau und daher gut: Er kommt 17 Uhr, und Schlag 18 Uhr klopft Knicks Frau an die Tür zum Zeichen, daß er zu gehen habe; um die knappe Zeit gut zu nutzen, notiert Marcel die Autoren und Titel, über die er sprechen will, auf Zettel. Man stellt sich vor, wie der einsame junge Migrant von dem versponnenen, gefährdeten Idealisten auf dem Umweg über Shakespeare zu lernen versucht, daß im Leben alles zwei Seiten habe, und ahnt auf einmal die Heilkraft der Literatur.

Verfolgung

Die Heilung wird nicht vollendet: Der Faschismus macht sie zunichte. Aber die Literatur ist damit für Marcel nicht erledigt: Sie wird ihn, wenn schon nicht heilen, so doch retten. 1936 trifft er sich mit zehn anderen jungen Leuten zu einem literarischen Abend in einer Wohnung im Grunewald und hört mit Entsetzen jemanden Kurt Tucholskys Abschiedsbrief an Arnold Zweig vom 15. Dezember 1935 vorlesen, ein Dokument der psychischen Zerrüttung und Demoralisierung, das in einer SS-Zeitung höhnisch zitiert wird (100f). Als sich ein Jahr später die Runde, inzwischen konspirativ dezimiert, in der gleichen Wohnung wieder trifft, um gemeinsam einen »illegal nach Berlin gelangt[en]« Brief Thomas Manns zu lesen, fürchtet Marcel ein entsprechendes Desaster und ist höchst alarmiert.

> *Die Frage, was Thomas Mann, der nun in der Schweiz wohnte, angesichts dessen, was sich in Deutschland abspielte, tun werde, gewann für mich, ich übertreibe nicht, lebenswichtige Bedeutung. […] ich glaube, ich zitterte. […] Doch schon der dritte Satz hat die Unsicherheit behoben. Denn hier war von den »verworfenen Mächten«*

*die Rede, »die Deutschland moralisch, kulturell und
wirtschaftlich verwüsten«. Da konnte kein Zweifel mehr
sein: Thomas Mann hatte sich in diesem Brief zum ersten
Mal und in aller Deutlichkeit gegen das »Dritte Reich«
gestellt. (103f)*

Der Leser teilt Marcels Glück und seine Dankbarkeit (104f), in
dieser Atmosphäre der Bedrängnis und allgemeinen Verro-
hung eine Stimme der Vernunft zu hören. Die Macht des
freien, unkorrumpierten Wortes: Man darf sich fragen, ob das
Unheil hätte abgewendet werden können, wenn eine größere
Menge Leute damals diese Macht ebenso stark empfunden
hätte wie dieser Schüler aus dem armen Polen.

Inzwischen durchläuft Marcel das Gymnasium, flüchtet
sich so oft wie möglich ins Theater, sucht in Büchern Hinweise
zum Mysterium der Liebe, läßt sich von Hofmannsthals klei-
nem Spiel *Der Tor und der Tod* rühren, obwohl es »bestimmt
nicht die allerbeste Literatur« ist (147), und wird schließlich
von einer Schauspielerin, die Rilke zitiert, in die körperliche
Liebe eingeweiht. Er träumt von einer Laufbahn als Germa-
nist oder Kritiker, obwohl er weiß, daß das im faschistischen
Deutschland unmöglich sein wird. Die Frage, was aus ihm werden soll, »lastete auf meiner ganzen Jugendzeit« (153), auch
seine Eltern wissen keine Antwort.

Vorläufig fürchtet er vor allem, man werde ihm das Abitur
verweigern oder Juden den Besuch von Theater und Oper ver-
bieten: »Damit wäre ich aus meinem wunderbaren Zufluchtsort
verjagt worden« (153). Persönlich hat er »damals in Berlin – und
das mag heute verwundern – keine Feindseligkeiten zu ertragen« (152), aber das Klima im Land verschlechtert sich unübersehbar. Nach dem Abitur arbeitet Marcel kurze Zeit als Lehr-
ling in einer Exportfirma in Charlottenburg und entdeckt sein
Organisationstalent, dann wird er eines Oktobermorgens ohne
Vorwarnung von einem Schutzmann abgeholt: »Nur fünf Mark
durfte ich mitnehmen und eine Aktentasche« (157). Er packt

Balzacs *Frau von dreißig Jahren* ein und bedauert, daß seine Eintrittskarte für die Premiere von Shaws *Arzt am Scheideweg* mit Gustav Gründgens und Werner Krauss im Theater am Gendarmenmarkt nun verfallen wird. »Nebenbei bemerkt: Es ist mir nicht viel entgangen, denn trotz der prominenten Besetzung war es, wie ich später hörte, eine nur mittelmäßige Aufführung« (158). Zusammen mit einigen hundert anderen Juden mit polnischem Paß verfrachtet man ihn in einen Zug nach Warschau.

In Polen kommt er bei seinem Bruder unter, auch seine Eltern stoßen bald dazu. Marcel frischt seine Polnischkenntnisse auf und flüchtet sich so oft wie möglich – »Arbeitslose [haben] immer […] viel Zeit« (164) – ins Theater und in den Konzertsaal. Dort fühlt er sich »etwas weniger einsam« (164). Er liest weiterhin wie ein Besessener, inzwischen auch polnische Literatur, vor allem Lyrik. Als die deutsche Armee in Polen einmarschiert, flüchtet er mit seinem Bruder auf einem Lastwagen in die ostpolnischen Pripjet-Sümpfe, wo sie in schäbigen Bauernhütten bei analphabetischen Bauern unterkommen, bis aus dem Osten russische Soldaten auftauchen; aber diese sollen nicht Hitler bekämpfen, sondern Ostpolen in Besitz nehmen. Warschau, von den Deutschen erobert, sei ein Trümmerfeld, erfahren die Brüder. Sie schlagen sich wieder nach Warschau durch, finden die Wohnung der Eltern im halb zerstörten Haus und klopfen erregt ziemlich lange, bis sich die Tür öffnet.

> Vor uns standen zwei, wie uns schien, sehr alte Menschen, die uns in der Dunkelheit nicht erkannten und denen offenbar der Schreck die Sprache verschlagen hatte – meine Mutter und mein Vater. (177)

Opfer

Die Zeit im Getto war Marcel Reich-Ranickis prägende Erfahrung. Verfolgung, Entrechtung, Beleidigung, Beraubung, später die Ermordung seiner Eltern und seines Bruders – dieses Trauma wird er nicht verwinden, und das Gefühl der Bedrohtheit wird ihn nie mehr verlassen. Er wird es durch Leistung und Aggressivität zu kompensieren versuchen, er wird aus ihm sein Weltbild beziehen, aber verarbeiten wird er es nie, und deshalb bleibt es virulent: In der Autobiographie, die fünfzig Jahre nach Kriegsende entstand, sind des Autors Erregung und Verstörung noch unvermindert spürbar. Wir erleben mit ihm die Einweisung ins Getto, Schikanen, alltägliche Demütigungen, Mord, wir lesen von den Hungernden im Straßenbild, den Toten, die man morgens am Straßenrand fand, von Seuchen und Mord. Wir lesen, wie Marcel seine Tosia findet: Ihr Vater hat sich in einer Nachbarwohnung erhängt, Marcel nimmt sich, etwas ratlos zunächst, des Mädchens an. Sie bleiben zusammen. Als Dolmetscher in der Gettoverwaltung bekommt der junge Mann mit, wie die Vernichtung verwaltet wird. Er, der Beschäftigte, rettet Tosia durch Heirat vor dem Abtransport. Später, als Straße für Straße das Getto geräumt wird, zieht Tosia ihn in eine Seitengasse, und sie können fliehen. Sie tauchen in Warschau unter, ständig von Entlarvung bedroht, sie werden von Kriminellen erpreßt und verbergen sich monatelang bei einem arbeitslosen polnischen Setzer in einer Hütte auf dem Land, bis sie von der sowjetischen Armee befreit werden.

Wie wird das erzählt?

Der Autobiograph berichtet wenig über persönliche Dinge. Die Beschreibung von Nahestehenden und Leidensgenossen fällt dürr und unbeholfen aus, mit leeren Umschreibungen durchsetzt. Einige Beispiele.

Über Tosia, seine künftige Frau:

> *Sie konnte Deutsch, und die Literatur war ihr offenbar nicht gleichgültig. Das weckte mein Interesse, das sich vorerst noch in Grenzen hielt, das machte sie mir, neben anderen Umständen, sympathisch. (191)*

Über Tosias Vater:

> *Obwohl still und zurückhaltend, obwohl von seinen Ellenbogen keinen Gebrauch machend, war er geschäftstüchtig. [...] Dennoch war sein Selbstbewußtsein nicht stark ausgeprägt – und vielleicht hing sein Tod damit zusammen. (195)*

Emmanuel Ringelblum:

> *Ein stiller, unermüdlicher Organisator war er, ein kühler Historiker, ein leidenschaftlicher Archivar, ein erstaunlich beherrschter und zielbewußter Mann. (216)*

Über Simon Pullmann:

> *Er war ein außergewöhnlicher Mensch: selbstbewußt und ehrgeizig, doch sehr still und zurückhaltend und immer besonders höflich. (221)*

Über Czerniaków, den »faktischen Oberbürgermeister« (244) des Gettos, der im Juli 1942 Selbstmord beging:

> *Was immer Czerniaków vorgeworfen und angelastet wurde – selbst seine Gegner bestritten nicht, daß er, mochte er ein wenig naiv sein, letztlich ein ehrlicher, ein aufrechter, ein integrer Mann war. (247)*

Weiter über Czerniaków:

> *Still und schlicht war er abgetreten. Nicht imstande, gegen die Deutschen zu kämpfen, weigerte er sich, ihr Werkzeug zu sein. Er war ein Mann mit Grundsätzen, ein Intellektueller, der an hohe Ideale glaubte. Diesen Grundsätzen wollte er auch noch in unmenschlicher Zeit und unter kaum vorstellbaren Umständen treu bleiben. (250f)*

Auch diese Passagen charakterisieren niemanden. Sie bieten aber einen Bewertungskatalog. Positiv besetzt sind die Eigenschaften »still und zurückhaltend«, »selbstbewußt«, »ehrgeizig«, »naiv«, »integer«, die sich einzeln oder kombiniert bei fast allen von ihm geschätzten Menschen finden.

Situationen, vielleicht weil sie durch Adjektive schwerer zu bewerten sind, kommen in der Erzählung seltener vor. Aber einige gibt es. Ein entsetzliches, auch literarisch eindringliches Beispiel ist Marcels Abschied von seinen Eltern. Marcel bringt die beiden, die sich zu alt und müde fühlen, um sich zu verbergen, zum »Umschlagplatz« und zeigt ihnen, wo sie sich anstellen müssen zum Abtransport in die Vernichtung.

> *Mein Vater blickte mich ratlos an, meine Mutter erstaunlich ruhig. Sie war sorgfältig gekleidet: Sie trug einen hellen Regenmantel, den sie aus Berlin mitgebracht hatte. Ich wußte, daß ich sie zum letzten Mal sah. Und so sehe ich sie immer noch: meinen hilflosen Vater und meine Mutter in dem schönen Trenchcoat aus einem Warenhaus unweit der Berliner Gedächtniskirche. Die letzten Worte, die Tosia von meiner Mutter gehört hat, lauten: »Kümmere dich um Marcel.« (260)*

Die Täter

Ein großer Teil des Gettoberichts ist den deutschen Tätern gewidmet. Einige Beispiele (aus dem ersten Kapitel: Titel: »Die Jagd ist ein Vergnügen«):

> *Kaum hatte sich Warschau ergeben, kaum war die Wehrmacht in die Stadt einmarschiert, da ging es gleich los, da begann schon das große Gaudium der Sieger, das unvergleichliche Vergnügen der Eroberer – die Jagd auf die Juden. (178)*

> *Die jungen Soldaten sahen […] zum ersten Mal in ihrem Leben orthodoxe Juden. Sympathien weckten diese unheimlichen Bewohner Warschaus bei ihnen nicht, vielmehr Abscheu und vielleicht Widerwillen. Aber die Soldaten mochten auch eine unbewußte Zufriedenheit empfinden, wenn nicht gar eine gewisse Genugtuung. Denn während sie zu Hause, in Stuttgart, Schweinfurt oder Stralsund, die Juden von den reinrassigen Deutschen, den Ariern, in der Regel nicht zu unterscheiden vermochten, konnten sie jetzt endlich jene sehen, die sie bisher nur als Karikaturen in deutschen Zeitungen kannten, zumal im* Stürmer.*
> Hier waren sie, die arglistigen und abstoßenden Feinde des deutschen Volkes […]. Jetzt begriffen die siegreichen Soldaten, was man ihnen seit Jahren erklärt und gepredigt hatte: Die vielen Juden auf den Straßen Warschaus – das waren die schrecklichen asiatischen Horden, die die Europäer bedrohten und die den Ariern, den Deutschen vor allem, nach dem Leben trachteten. […]
> Daß diese Untermenschen, die freilich eher einen ängstlichen als widerborstigen Eindruck machten, Waffen trugen, war sehr unwahrscheinlich, doch mußte es auf jeden Fall geprüft werden. […] Die Waffen, die die*

gutgelaunten Soldaten angeblich suchten, konnte man bei den frommen Juden, wie sehr man sich auch bemühte, nicht finden. (179f)

Indes ging es nicht nur darum, die Juden zu berauben. Sie, die Feinde des Deutschen Reichs, sollten auch bestraft und erniedrigt werden. Das war nicht schwer zu machen: Die Soldaten hatten bald gemerkt, daß man orthodoxe Juden besonders schmerzhaft demütigen konnte, wenn man ihnen die Bärte abschnitt. [...] Beherzt schnitten sie die langen Judenbärte ab, die sie bisweilen erst einmal mit einer brennenden Zeitung anzündeten. (180)

Wenn Lappen zum Aufwischen des Fußbodens nicht zur Hand waren, dann wurde den Jüdinnen, zumal den besser aussehenden, befohlen, ihre Schlüpfer auszuziehen. Die ließen sich auch als Lappen verwenden. Für die Soldaten war das ein Heidenspaß [...] (181)

Diese Soldaten, die immer wieder Wohnungen von Juden überfielen, wollten sich bereichern. Doch sollte man ein ganz anderes Motiv nicht unterschätzen: Sie taten etwas, was ihnen augenscheinlich Freude bereitete. Zu dieser Vergnügungssucht kam oft jene Neigung zum Sadismus hinzu, die sie in der Heimat immer verbergen mußten und die sie im feindlichen Polen, davon waren unzählige Deutsche in Uniform überzeugt, nicht zu unterdrücken brauchten: Hier hatten sie auf nichts und niemanden Rücksicht zu nehmen, hier unterlagen sie keiner Aufsicht und keiner Kontrolle. Anders als am Rhein oder Main konnten sie endlich tun, wovon sie immer schon geträumt hatten: die Sau rauslassen. (183f)

Der Stoff löst Entsetzen aus ähnlich dem, das wir empfinden, wenn wir über Greueltaten in Geschichtsbüchern oder in der

Zeitung lesen; wir möchten nicht glauben, zu welcher Grausamkeit Menschen fähig sind, und ein solcher kollektiver Exzeß der Brutalität ist doppelt bestürzend und beschämend. Das ist die emotionale Reaktion.

Beachten wir aber auch die literarische Deutung. Wie hat der Autobiograph diesen Stoff verarbeitet und gestaltet, welche Lösung intendiert er für sich selbst, welche Wirkung in der Öffentlichkeit?

Zunächst fällt auf, daß er weniger als Augenzeuge denn als eine Art Geschichtszeuge auftritt, der verschiedene Berichte und Beobachtungen wiedergibt. Woher er diese Details nimmt, teilt er nicht mit. Vieles ist dabei, das er nicht selbst erlebt hat, er gibt auch nicht vor, es erlebt zu haben. Anscheinend geht es ihm um Geschichtsdarstellung, nicht um seinen privaten Bericht. Deswegen sind alle diese Passagen in einem unpersönlichen bürokratischen Stil gehalten, der durchsetzt ist mit den uns schon bekannten Aufweichungen wie

Passivkonstruktionen:
> »mußte es geprüft werden«, »wie sehr man sich auch bemühte«, »ging es darum«, »sollte liquidiert werden«, »die man gefunden hat«, »sollen befürchtet haben«

leeren Adverbien:
> »vielmehr«, »vielleicht«, »nicht nur«, »angeblich«, »eine gewisse«, »nicht gerade«, »augenscheinlich«

vagen Mengenangaben:
> »oft«, »unzählige«, »in der Mehrzahl«, »zum Teil«

pauschalierend bewertenden Adjektiven:
> die »frommen Juden«, die »gutgelaunten Soldaten«

Mutmaßungen:
> »mochten … empfinden«

und psychologischen Behauptungen:

>*unvergleichliches Vergnügen*«, »*Heidenspaß*«, *schnitten* »*beherzt*« *die Bärte ab*, »*Sau rauslassen*«

Der Autor selbst kommt nicht vor. Angestrebt scheint eine Darstellung, die über das Geschehen objektiv so informiert, daß sich eine bestimmte Deutung zwangsläufig ergibt.

Diese Deutung zielt, kurz gefaßt, auf eine Erklärung des Geschehens durch den Täter(Volks)Charakter. Dieser Volkscharakter ist – wie jeder Volkscharakter – eine Abstraktion, die als erkannte Individualität ausgegeben wird, und dient nicht dem Gegenstand, sondern dem Betrachter. Marcel Reich-Ranickis Grundmodell für die zitierten Begebenheiten ist die sadistische Einzeltat, die aus niedriger Gesinnung bewußt vollzogen wird. Sie scheint für ihn der Code des Holocaust zu sein. Aus der massenhaft vollzogenen sadistischen Einzeltat schließt der Deuter den sadistischen Standardtäter, füllt diesen Typ mit eigenen Projektionen aus und präsentiert das Resultat als Tatsache: »Neigung zum Sadismus, die sie in der Heimat immer verbergen mußten«, »konnten endlich tun, wovon sie immer schon geträumt hatten«. Das erklärt zwei stilistische Eigenheiten. Zum einen: Der psychologische Übergriff – daß die eigene Projektion als angeblich objektive Wahrheit ausgegeben wird – führt zur Trivialisierung. Zum anderen: Die simple Deutung erzwingt eine oberflächliche Darstellung. Eine Erkenntnismöglichkeit ist auf dieser Grundlage nicht gegeben, der Leser kann die Deutung nur emotional übernehmen oder sich ihr widersetzen. Ich weise darauf hin, wieviel stärker und bewegender die unkommentierten Zeitdokumente in der Gedenkstätte im Berliner Haus der Wannseekonferenz wirken: Sie machen den Exzeß der Unmenschlichkeit sichtbar, ohne eine Erklärung anzubieten. Das Rätsel dieses Exzesses stellt sich dem Betrachter dadurch unerbittlich.

Warum eigentlich prätendiert der Autobiograph Objektivität, anstatt seiner weiß Gott berechtigten Wut Ausdruck zu verleihen? Mißtraut er der Wirksamkeit dieser Wut? Oder befriedigt er sie auf einem Umweg? Plausibel wäre folgende Interpretation: Die objektive Deklassierung des Täters stuft diesen wirksamer herab als eine subjektive Anklage. Nicht der Autobiograph *empfindet* dann die Täter als sadistisch, sondern sie *sind* es – statisch, grundsätzlich, genuin.

Was könnte der psychologische Gewinn einer solchen Deutung sein? (Das Wort »Gewinn« ist nicht zynisch gemeint: Jede Deutung ist funktional, bei jedem Menschen. Sie hat die Aufgabe, seine Erlebnisse zu verarbeiten und in ein Selbstbild zu integrieren, mit dem er in der Welt besser besteht.)

Der Gewinn könnte unter anderem taktischer Art sein: des Autobiographen Leserschaft, die ja aus den Bösen hervorgegangen ist und die er immer noch fürchtet, wird substantiell disqualifiziert und so moralisch in Schach gehalten.

Ein weiteres mögliches Motiv wäre der »Distinktionsgewinn«: Die Dämonisierung des Täters wertet das Opfer auf, wie wir das schon bei Andersch gesehen haben, und rechtfertigt es über die unmittelbare Bedrohungssituation hinaus. Wenn alles Böse grundsätzlich beim anderen liegt, ist man selbst grundsätzlich gut.

Weiterhin könnte die Deutung einem Ich-Ideal entspringen, das Haß und Rachsucht nicht billigt.

Die Motive schließen einander nicht aus. Eine starke Wurzel pauschaler Deutungen liegt wohl immer im Ich-Ideal, d. h. in der Wunschvorstellung, die der Deuter von sich selber hat. Aus der Grandiosität eines solchen Ideals kann man auf die Tiefe der Verletzungen schließen, die einer mit sich herumträgt, und wer sich selbst uneingeschränkt positiv beschreibt, meint in der Regel dieses Ideal. Marcel Reich-Ranicki schildert sich folgendermaßen:

Nicht Rachsucht trieb mich [1946] nach Berlin. (316)

[…] ich war zum Haß nicht imstande – und ein klein wenig wundert mich das noch heute. […] Haß [war mir] immer schon fremd, und er ist mir fremd geblieben. Ich kann mich furchtbar aufregen […]. Aber richtig hassen, gar längere Zeit hassen – nein, das konnte ich nie, das kann ich auch heute nicht. (317)

Direkt auf diese Erklärungen folgt der überraschende Satz: »Ich weiß, daß es keinen Grund gibt, darauf stolz zu sein.« Vielleicht soll dieser Satz die Glaubwürdigkeit des Autors erhöhen, denn ein Geständnis, auf das einer nicht stolz zu sein behauptet, wirkt besonders ehrlich. Aber ist er glaubwürdig, und handelt es sich überhaupt um ein Geständnis? Welchen Grund könnte Reich-Ranicki haben, auf solche Großmütigkeit nicht stolz zu sein? Hätte er sie, er wäre ein Heiliger.

Ist eine solche Analyse bei diesem Stoff legitim?

Ja, ich halte sie sogar für notwendig, weil Bewertung die Darstellung nicht ersetzen kann, wenn spätere Generationen etwas aus der Sache lernen sollen. Ich hoffe gezeigt zu haben, wie in Reich-Ranickis Sprache reales Trauma, seelische Störung und gelungene (subjektive) wie mißlungene (objektive) Lösungsversuche unterscheidbar werden. Das Resultat der Betrachtung sollte nicht sein, den Deuter zu kritisieren, sondern ihn besser zu verstehen und in seiner schweren Verletztheit zu respektieren, ohne die diskursiven Defizite seiner Deutung zu übersehen.

Kurzer moralischer Exkurs

Ein paar schmerzhafte Fragen noch zum Stoff. Ich habe über die falsche Begründung einer Deutung gesprochen und ihre sprachlichen Folgen. Aber: Selbst wenn die Deutung falsch begründet war – ist sie deswegen *an sich* falsch? Sind solche Taten nicht wirklich bestialisch? Sind also die Täter es nicht auch? Welchen Grund sollte es geben, sie *nicht* substantiell zu disqualifizieren?

Zunächst: Die Deutung ist nur insofern irreführend, als sie Erklärungen zu haben behauptet, die sie nicht hat. Als Reaktion ist sie berechtigt. Die Taten sind entsetzlich und unverzeihlich. Sie sind eine Schande für uns bis ans Ende unserer Tage. Man muß die Täter für bestialisch halten.

Die substantielle Disqualifikation ist also nicht unverständlich. Sie ist nur als Dauer-These für Nachkommen der Täter unkreativ, weil sie die Vielschichtigkeit des Menschen ignoriert und seine ethischen Impulse nicht gelten läßt, nur weil sie oft unterliegen. Wenn ich nun meine, daß diese ethischen Impulse, also die Fähigkeit zu Erkenntnis, Mitgefühl und Vernunft, eher als die Bestialitätsthese dazu beitragen, weitere Exzesse dieser Art zu vermeiden, ist das freilich ebenfalls eine funktionale Deutung. Konkret sieht sie so aus, daß wir (Nachkommen) die höchst komplizierten historischen, wirtschaftlichen, sozialen, individuellen und psychischen Vorgänge und Verstrickungen, die zum »Dritten Reich« geführt haben, untersuchen und uns nicht durch einseitige Thesen blenden lassen sollten. Wer sich für genuin schlecht hält, kann sich nicht entwickeln, wer sich grundsätzlich gut findet, glaubt, nicht schuldig werden zu können. Der schleichende Prozeß der Entmündigung, des Selbstbetrugs, des Opportunismus innerhalb einer unüberschaubaren historischen Situation, die materielle wie die narzißtische Verlockung – das ist zu erkennen, dem wäre zu widerstehen. Sadistische Neigungen in sich glorifiziert kaum einer, selbst wenn sie ihm bewußt sind. Auch Hitler und Goebbels haben sie verleugnet, sie operierten mit den Begriffen »Anstand«, »Pflicht« und »Heimat«. Die schlimmsten Greuel geschehen im Wahn, für »das Gute« zu kämpfen, »im Recht«, mehr wert zu sein als andere.

Im Herbst 1944 werden Marcel und Tosia von sowjetischen Soldaten aus ihrem Versteck in der Nähe von Warschau erlöst. Sie
sind »frei, aber schwach und elend, dreckig und verlaust und in
schmutzige Lumpen gehüllt« (297). Sie haben Hunger. Auch
Schuldgefühle quälen sie.

> *Zwar haben wir es damals noch nicht gewußt, aber wohl
> schon geahnt: Wer zufällig verschont wurde, während
> man die Seinen gemordet hat, kann nicht in Frieden mit
> sich selber leben. (303)*

Auf einem Lastwagen fahren sie nach Lublin, im Osten Polens.
Marcel schließt sich einer sowjetischen Propaganda-Einheit
an, froh über das Auskommen und dankbar gegenüber der Armee, die ihn befreit hat. In einem ostpolnischen Dorf arbeitet
er für die militärische Postzensur und wird bald zum Inspektor
befördert. Tosia wird Oberzensorin. Sie überprüfen die Korrespondenz der polnischen Soldaten auf politische Korrektheit
und rätseln über geheimnisvolle Formulierungen in den Briefen weiblicher Armeeangehöriger wie etwa: »Mein Indianer
kommt nicht« oder »Ich bin sehr unruhig, denn der Chinese
läßt sich nicht blicken«. »Nach langwierigen Bemühungen«
finden sie heraus, daß hier jeweils die ausbleibende Monatsblutung gemeint ist. »Man konnte meinen, das größte Geheimnis der polnischen Armee sei die Menstruation« (310). Ein
Fehler in der Außenbeobachtung: Es ging nicht um die Lappalie Menstruation, sondern um das Problem Schwangerschaft.
Die verächtliche Formulierung mag bedeuten, daß der junge
Inspektor von seinem Beruf enttäuscht war.

> *Dies habe ich damals gelernt: Die von Geheimnissen
> umwitterten Institutionen verdanken ihren Ruf in der
> Regel den Legenden, die über sie verbreitet werden und*

die sie selbst in Umlauf bringen. Lernt man sie von innen
kennen, enttäuschen sie immer. Letztlich wird überall
nur mit Wasser gekocht. (310)

Das junge Paar hat aber keine andere Perspektive. Also arbeitet
Marcel Reich fleißig und macht Karriere. Nach wenigen Monaten schon zieht er aus der Provinz nach Warschau, wo ihm ein
»leitende[r] Posten in der Auslands-Postzensur« (311) zuge-
wiesen wird. Inzwischen hat er eine Geheimhaltungserklärung
unterschrieben, für ihn eine »bürokratische Angelegenheit«
(311) ohne Bedeutung: Er ist Mitarbeiter des Ministeriums für
Öffentliche Sicherheit und nennt sich nun, dem patriotischen
Rat eines Vorgesetzten folgend, Ranicki statt Reich. Ein Major
des polnischen Geheimdienstes fördert den sprachkundigen
jungen Mann und schickt ihn im Winter 1946 nach Berlin. Was
Marcel dort soll, erfährt er nicht. Drei Monate verbringt er ratlos und erschüttert in der Stadt seiner Jugend, sucht vergeblich
seine Schulfreunde und tröstet sich wie früher durch tägliche
Theaterbesuche über seine Einsamkeit hinweg. Ihm scheint
bereits, der Geheimdienst habe ihn »vergessen« (319), da wird
er nach Warschau zurückgerufen. Nun wartet eine wirklich
anspruchsvolle Tätigkeit auf ihn: Als Konsulatsangestellter in
London soll er die Aktivitäten der polnischen Emigration beobachten. Warum man ihm das zutraut, kann er sich nicht erklären. Sein Qualifikationsnachweis besteht darin, daß er einem
sowjetischen Offizier »wortreich« (321) erzählt, was er in Spio-
nageromanen und Reportagen gelesen hat.

Er glaubt aber an den Kommunismus und ist auch Mitglied
der Partei.

Tosia und ich, wir verdankten unser Leben unzweifelhaft
der Roten Armee. [...]
[...] Aber mich hat [auch] die Möglichkeit fasziniert,
an einer weltweiten, einer universalen Bewegung teilzu-
nehmen, einer Bewegung, von der sich unzählige Men-

schen die Lösung der großen Probleme der Menschheit
versprachen. Ich glaubte, endlich gefunden zu haben, was
ich schon lange benötigte: eine Zuflucht, wenn nicht gar,
das Wort läßt sich schwer vermeiden, Geborgenheit. (323)

Von 1948 bis 1950 führt er zusammen mit Tosia in London ein
vergleichsweise »luxuriöses« Leben in einer »gut ausgestat-
tete[n], geräumige[n] Wohnung«, mit einem »ziemlich großen
amerikanischen Wagen« (325). Sie besuchen Theater, Oper,
Konzerte, fahren »mitunter für ein Wochenende nach Paris«
und verbringen den Urlaub in der Schweiz, einmal auch in Italien. »Wir waren privilegiert.« (326) Begonnen hat er als Vize-
Konsul, bald übernimmt er die Leitung des Konsulats und
beaufsichtigt vierzig Angestellte.

> *Mit meinen 28 Jahren war ich der jüngste Konsul in Lon-*
> *don. Das Amt funktionierte tadellos. [...]*
> *Und der Geheimdienst? Ich will die wahrscheinlich*
> *enttäuschende Wahrheit bekennen: Ich habe weder*
> *einen künstlichen Bart gehabt noch ein Toupet. (326)*

Eigentlich ist er nur da, die Berichte einiger Mitarbeiter, »meist
arbeitslose[r] oder pensionierte[r] Journalisten«, über die polnische Emigration nach Warschau weiterzuleiten: »meist be-
langlose Vorkommnisse jeglicher Art« (326). »Das Echo, das
aus der Zentrale kam, war spärlich« (327). Das Ende dieses an-
genehmen Lebens bringt schließlich der Stalinismus: Auch in
den »Ostblockländern« gibt es nun Schauprozesse nach Mos-
kauer Muster, »bei manchen [...] waren die antisemitischen
Akzente unverkennbar« (329). Eine gute Freundin aus der Lon-
doner polnischen Botschaft wird während eines Warschau-Ur-
laubs verhaftet. Auch die Ranickis fürchten sich. Schließlich
wird die Familie – in London haben Tosia und Marcel einen
Sohn bekommen – nach Warschau zurückbeordert.

Daß es mir nach der Rückkehr nicht gut ergehen werde,
war sicher. Aber es kam härter, als ich dachte. Ich wurde
innerhalb von wenigen Wochen sowohl aus dem Außen-
ministerium als auch aus dem Sicherheitsministerium
entlassen. Und ich landete in einer Einzelzelle. Aber man
tat mir dort nichts, man verhörte mich auch nicht. Ich
saß und wartete, und ich hatte Zeit genug, um nachzu-
denken.

Mit meinen 29 Jahren hatte ich schon sehr viel erlebt.
[...] Meine politische Karriere war endgültig geschei-
tert – und mit gutem Grund. Was sollte ich, der ich kei-
nen Beruf erlernt hatte, jetzt tun? Ich stand, nicht zum
ersten Mal in meinem noch nicht langen Leben, vor dem
Nichts. (330f)

Aber in seiner Zelle darf er lesen. Tosia bringt ihm *Das siebte*
Kreuz von Anna Seghers mit, er bietet »seine ganze Energie
auf«, um von der Gefängnisleitung »eine größere Glühbirne
zu bekommen«, und hat Erfolg. Die Lektüre infiziert ihn wieder mit der Liebe zur Literatur. Und als er nach zwei Wochen
aus dem Gefängnis entlassen wird, beginnt er seine zweite
Karriere als Literaturkritiker. Er schreibt über die polnische
Übersetzung eines deutschen Buches eine Rezension, die »zu
meiner Überraschung« (336) prompt gedruckt wird, und erhält
weitere Aufträge; er bittet nach einiger Zeit um Aufnahme in
den Schriftstellerverband und wird »sofort aufgenommen«
(350). Dann aber, 1952/53, bekommt er Schwierigkeiten, die
ihn ebenso überraschen: Seine Rezensionen werden nicht mehr
gedruckt.

Ich war angeklagt, konnte aber nicht erfahren, weshalb
man mich angeklagt hatte. Ich war verurteilt, wußte aber
nicht, wer mich verurteilt hatte. Ich hatte mir nicht träu-
men lassen, daß ich je in eine Situation geraten könne,
die an jene des Josef K. in Kafkas Prozeß *erinnerte. (351f)*

Nach Stalins Tod 1953 wird das Publikationsverbot ohne Erklärung wieder aufgehoben. »So war es eben in Polen in der stalinistischen Zeit. (357) Nun darf er sich sogar mit westlicher Literatur befassen und ins westliche Ausland reisen. Er knüpft Kontakte mit deutschen Autoren. »Es ging mir also damals nicht schlecht: Man hat mich weder diskriminiert noch schikaniert.« (371)

Zehn Zeilen später:

> *Aber das Klima in Polen wurde unheimlich, zumal für die Juden. So klein ihre Zahl im Vergleich zur Vorkriegszeit auch war, so hatten sie doch im öffentlichen Leben des kommunistischen Polen eine große Rolle gespielt. Jetzt, da die Partei (nicht zuletzt unter sowjetischem Druck) bemüht war, die Anhänger und Vorkämpfer des »Tauwetters« im Zaume zu halten, brauchte man Sündenböcke. (372)*

1958 setzt sich Marcel Ranicki mit seiner Familie in den Westen ab.

Das alles ist höchst vage: Wieder kombiniert der Autor wenig Information mit viel Emotion. Man erfährt, daß es mit Marcel mehrmals steil hinauf und hinab ging, warum, bleibt offen. Der Leser teilt dadurch das Erstaunen des Autobiographen, dem ebenso unerklärlich ist, was mit ihm geschieht. Wenn es hinauf geht, wundert er sich, wenn es hinab geht, fühlt er sich wie Kafkas Josef K.: Die normalen menschlichen (charakterlichen, gruppendynamischen, sozialen) Konflikte, die es in allen Institutionen und Hierarchien gibt, erwähnt er nicht; er stellt sich als passiv dar, als bildungsbeflissenen Kulturbürger, der undurchsichtigen anonymen Mächten ausgeliefert ist. Für das Scheitern seiner Diplomaten-Karriere beruft er sich auf einen »guten« Grund, den er nicht nennt. Dennoch klagt er nicht an. Den bürokratischen Stil hat er, da er für diese Episode keine »objektive« Geschichtsdarstellung anstrebt,

weitgehend durch einen unverbindlichen, freundlich-bagatel-
lisierenden Märchenton ersetzt: »Also bat ich, unsicher und
ein wenig ängstlich, um Aufnahme in den Schriftstellerverband. Meine Überraschung war groß: Ich wurde sofort aufgenommen.« (350) Die Geheimdiensttätigkeit schildert er als eine
Art Kinderspiel, seinen beruflichen Aufstieg in diesem Milieu
als Zufall: Als Zensor hat er hauptsächlich Menstruationsda-
ten ausgewertet. Befördert wurde er, weil er im Gegensatz zu
den meisten polnischen Offizieren Abitur hatte. Nach Berlin
schickte man ihn wegen seiner Sprach- und Landeskenntnis.
Und so fort. Auch Einbrüche referiert er gelassen. Er »landet«
zwar mal plötzlich »in einer Einzelzelle«, »aber man tat mir
dort nichts« (331). Seine Harmlosigkeit belegt er durch Schein-
geständnisse, die nichts aussagen: »Dies habe ich damals gelernt: […] Letztlich wird überall nur mit Wasser gekocht.«
(310) »Ich will die wahrscheinlich enttäuschende Wahrheit bekennen: Ich habe weder einen künstlichen Bart gehabt noch ein
Toupet.« (326) Auch einfältigen Lesern dürfte klar sein, daß
künstliche Bärte nicht zur Dienstkleidung von Konsuln gehören, aber das »Bekenntnis« einer »enttäuschenden Wahrheit«
scheint die Glaubwürdigkeit des Berichts zu bezeugen. Übrigens ist die Deutung charakteristisch: Ehemals mächtige Funk-
tionäre eines in Verruf geratenen Systems betonen fast immer
die Harmlosigkeit ihrer ehemaligen Macht.

Hier nach einer zugrundeliegenden Realität zu schürfen,
scheint müßig. Man wundert sich zwar, daß ein verträumter
berufsloser Twen, nachdem er drei Monate lang in Berlin Theater besucht hat, auf einmal zum Vizekonsul in London mit
Dienstwohnung und Limousine befördert wird, denn eine solche Elitestelle hatte damals im zerstörten Warschau sicher
viele, auch unzimperliche Bewerber, und Marcel muß sich gegen Konkurrenz durchgesetzt haben. Aber er muß deswegen
kein Gauner oder Intrigant gewesen sein: Verschleiern und Ba-
gatellisieren muß nicht auf etwas objektiv Ehrenrühriges hinweisen, es kann auch einem subjektiven Wertsystem entsprin-

gen, das etwa »Ehrgeiz« nicht billigt. Die erzählerische Konsequenz ist dieselbe: Wer etwas verbergen will, kann es nicht erzählen. Er kann nur erklären, wie er gesehen werden will.

Literaturpapst

In Deutschland erfüllt sich der Lebenstraum des Autobiographen: Er wird Literaturkritiker. Dieses unverfängliche zivile Leben schildert er weniger kryptisch.

Was passiert äußerlich? Der Autobiograph macht rasch Karriere. Seine beiden Nachnamen hat er kombiniert, er heißt nun Reich-Ranicki. Nach wenigen Monaten als freier Rezensent bekommt er eine feste Anstellung beim Feuilleton der *Zeit* in Hamburg. Seine unkonventionellen, leidenschaftlichen Buchbesprechungen wecken Interesse auch bei Lesern, die sich bisher von der akademischen Feuilleton-Langeweile haben abschrecken lassen. Schon 1960, nach nur zwei Jahren in der Bundesrepublik, wird er »in einer Umfrage zu den ›führenden Buchkritikern‹ der deutschsprachigen Welt gezählt« (431). Schon sein erstes Buch *Deutsche Literatur in Ost und West* (1963) erhält starkes Echo, das zweite, die Anthologie *Erfundene Wahrheit* (1965) steht monatelang auf der Bestsellerliste. Alle folgenden (u. a. *Lauter Verrisse, Über Ruhestörer. Juden in der deutschen Literatur, Zur Literatur der DDR, Thomas Mann und die Seinen*) erleben mehrere Auflagen. 1973, »fünfzehn Jahre nach meiner Rückkehr«, wird er Leiter der *FAZ*-Literaturredaktion, »vielleicht de[r] wichtigst[e]« Posten im literarischen Leben Deutschlands (480). Marcel Reich-Ranicki macht die DDR-Literatur in Westdeutschland bekannt, setzt sich für polnische Literatur ein, schärft mit seiner *Frankfurter Anthologie* die Wahrnehmung seines Publikums für Lyrik. Schließlich gründet er das *Literarische Quartett,* mit dem er die Literatur fernsehfähig macht. Er wird der erfolg- und einflußreichste Literaturkritiker Nachkriegsdeutschlands.

Diese jahrzehntelange Erfolgsstory spielt über einem Grundakkord aus Einsamkeit, Isolation und Kränkungen. Er sucht eine Heimat und findet sie nicht; er will Ehrung und bekommt sie nicht, jedenfalls nicht genug; als man ihn »Großkritiker« und »Literaturpapst« nennt, ist er »keineswegs sicher, ob es sich hierbei um respektvoll-freundliche Bezeichnungen handelt oder doch eher um böse, höhnische Schmähworte« (490). »Es stimmt schon: Ich habe mich bemüht, soviel Macht in meinen Händen zu konzentrieren, wie ich es für nötig [!] hielt«, allerdings: Geschah das nicht nur »zugunsten der Literatur« (491)?

Die Umwelt bleibt für ihn feindselig, und er findet eine Erklärung: Antisemitismus. Als er Hans Werner Richters Worte liest: »[Reich-Ranicki] blieb [in der Gruppe 47] irgendwie ein Außenseiter […]. Ich kann nicht erklären, warum das so war oder warum ich es so empfunden habe«, fragt der Autobiograph rhetorisch: »Konnte er es wirklich nicht erklären?« (410), und antwortet: »[Richters] Verhältnis zu Juden war auch vierzig Jahre nach dem Ende des Zweiten Weltkriegs befangen und verkrampft« (411). Als 1959 die *Frankfurter Allgemeine Zeitung* auf Marcel Reich-Ranickis weitere Mitarbeit verzichtet, wird ihm der Ausspruch des *FAZ*-Feuilletonchefs Sieburg hinterbracht: »Machen Sie sich keine Sorgen um ihn [Reich-Ranicki]. Solche Herrn haben ja Ellenbogen.« – »Solche Herrn – was war damit wohl gemeint?« (429) Bei der *Zeit*, bei der er bald fester Mitarbeiter wird, darf er zwar schreiben, worüber er will und soviel er will, aber man lädt ihn nicht zu den Redaktionskonferenzen.

Wonach ich mich so sehnte, das hatte ich gefunden: eine Heimstätte – allerdings nur für meine Arbeit, nicht für meine Person: Ich wurde ausgegrenzt, ich fühlte mich ausgeschlossen – und je länger und erfolgreicher ich für die Zeit *schrieb, desto mehr steigerte sich dieses Gefühl. Ich saß isoliert und vereinsamt in unserer kleinen Woh-*

nung im Hamburger Vorort Niendorf und produzierte ein Manuskript nach dem anderen. [...] Aber mein Kontakt zur Welt ging nur selten über Telefongespräche hinaus. (468)

Jahre später findet er in einer Festschrift zum 50. Geburtstag der *Zeit* die Erklärung: Zu den Redaktionskonferenzen sei er deshalb nicht eingeladen worden, weil die Redakteure des Feuilletons »größte Bedenken« [hatten], ›ob sie einen so machtbewußten, rabulistischen Mann aushalten würden‹« (472). Er »erschrak«, denn das Wort »Rabulistik« kannte er bisher vor allem als antisemitischen Begriff der nationalsozialistischen Kampfpresse. Das Wort »machtbewußt« kommentiert er nicht. Seine Einsamkeit hat er nicht zu verantworten, folgert er.

Als er 1972 die Ehrendoktorwürde der Universität Uppsala erhält mit Glockengeläut, Kanonenschüssen und Lorbeerkranz, denkt er »darüber nach, daß ich für Verdienste um die westdeutsche Literatur (das war die offizielle Begründung) nicht von einer deutschen, sondern von einer schwedischen Universität geehrt wurde« (473).

1973 erhält er »endlich« einen reellen »Posten im literarischen Leben Deutschlands«. Nun, als leitender Literaturredakteur bei der *FAZ*, darf er auch an den großen Redaktionskonferenzen teilnehmen. Aber er langweilt sich und hat das Gefühl, nichts zu bewirken (495f). Schließlich bleibt er fort in der Annahme, daß man ihn zurückholen werde. Doch das geschieht nicht. Wieder fühlt er sich ausgeschlossen:

Die Herausgeber [...] waren, allem Anschein nach, zufrieden, daß sie meine Fragen nicht zu beantworten brauchten: Man hatte sich eines Ruhestörers entledigt. (496)

Seine Freunde enttäuschen ihn. Joachim Fest, Mitherausgeber der *Frankfurter Allgemeinen Zeitung,* holt ihn zwar 1973 als allein zuständigen Redakteur für »Literatur und Literarisches Leben« nach Frankfurt, hat aber keine »Bedenken«, ihn im gleichen Jahr zur Buchpräsentation einer Hitler-Monographie zu laden, bei der Reich-Ranicki dem Kriegsverbrecher Albert Speer vorgestellt wird (481f). Was tut Reich-Ranicki?

> *Habe ich den Massenmörder, der hier respektvoll über seinen Führer scherzte, angeschrien und zur Ordnung gerufen? Nein, ich habe nichts getan, ich habe entsetzt geschwiegen. (482)*

Er verließ auch nicht die Party. Wie alle Menschen, die großen Wert auf ihre Karriere legen, machte er gute Miene und setzte sich mit dem Massenmörder an einen Tisch, und offenbar hat er auch nicht nur entsetzt geschwiegen, denn »was immer ich äußerte, Speer nickte mir zustimmend und freundlich zu.« (481). Was mag er geäußert haben?

Erst 26 Jahre später, als Fest nicht mehr sein Chef ist, verleiht er seiner Empörung öffentlich Ausdruck. Er erklärt sie sich damit, daß »Fest ein Mensch ist, dessen Ichbezogenheit und Eigenliebe in Selbstsucht, bisweilen sogar in Hartherzigkeit übergehen und häufig den Mangel an tieferem Interesse für andere Menschen zur Folge haben« (482).

Der wichtigste Freund Marcel Reich-Ranickis war wohl Walter Jens, der Tübinger Rhetorikprofessor. Dreißig Jahre lang telefonierten sie wöchentlich, zeitweise täglich miteinander, dann zerbricht die Freundschaft aus Gründen, die der Autobiograph nicht nennt. Betrachten wir kurz seine Darstellung dieser Freundschaft. Was führte die beiden zusammen? Marcel Reich-Ranicki war einsam,

> *zu einem monologischen Dasein verurteilt: Auf Lesen folgte Schreiben, auf Schreiben Lesen. Der kollegiale Kontakt, den ich so gut wie überhaupt nicht hatte, die kollegialen Ratschläge […], die freundschaftlichen War-*

nungen und auch Ermutigungen [...] – das alles fand ich
in den Telefongesprächen mit Walter Jens. (421)

Ein aussagefähige Formulierung: Den kollegialen Kontakt, den
er so gut wie überhaupt nicht hatte, fand er in den Telefongesprächen mit Walter Jens.

Und Walter Jens? »Nein, er war in Tübingen keineswegs isoliert. Dennoch ist die Vermutung so ganz abwegig nicht, daß er
auch dort [...] etwas einsam [...] war.« (422)

Inzwischen wissen wir, daß die Porträts des Autobiographen
mehr von Projektionen als von Beobachtung bestimmt sind. Er
ahnt es und macht eine Regel daraus: »Wer über andere Menschen schreibt, kann es gar nicht verhindern, daß er zugleich
auch über sich selbst schreibt.« (436) Das ist richtig. Allerdings
kann man in sehr unterschiedlichem Maß über sich selbst
schreiben: Homer oder Shakespeare zum Beispiel treten völlig
hinter ihre Geschichten zurück, ihre Personen scheinen selbst
zu »leben«, während man über die Autoren fast nichts weiß.
Marcel Reich-Ranicki steht am anderen Ende dieser Skala, und
so gesehen hat seine Darstellung des Walter Jens etwas Herz-
zerreißendes:

> *Jens interessierte sich beinahe immer für andere Men-*
> *schen. Aber in der »Gruppe 47« wie auch später in ande-*
> *ren Kreisen und Milieus war er so sehr mit sich selbst be-*
> *schäftigt, daß er das Verhältnis der Umwelt zu ihm in der*
> *Regel eher flüchtig wahrnahm und sich in dieser Hin-*
> *sicht oft Illusionen machte. [...] Nicht selten glaubte er*
> *von Menschen geschätzt zu werden, deren Urteil über*
> *ihn keineswegs günstig war. (419f)*

> *»Ich kann dem Leben in seiner Buntheit nicht gerecht*
> *werden. Mir fehlt ein Sinn für Realität im weitesten*
> *Sinn.« Damit hat Jens zugleich gesagt, was seinen Ro-*
> *manen und Erzählungen [...] fehlt: Das Leben in seiner*
> *Buntheit. (422)*

> Gelegentlich zitierte ich in unseren Telefongesprächen Mephistos Empfehlung: »Grau, teurer Freund, ist alle Theorie / Und grün des Lebens goldner Baum.« Er stimmte zu, gewiß, doch war und ist er vor allem ein Mann der Theorie, wie grau sie auch sein mochte. (425)
>
> Was zum Wesen und Charakter eines jeden Schriftstellers gehört, wurde bei ihm, Walter Jens, von Anfang an systematisch entwickelt und konsequent angetrieben: ein Geltungsbedürfnis, das in Geltungssucht übergehen kann. (418f)
>
> […] [Die extreme Geltungssucht] war beides zugleich und ist es noch heute – seines Daseins Glück und Unglück. (419)

Das Ende dieser Freundschaft trifft ihn, seinen dramatischen Worten nach zu urteilen, schwer: »[…] jene, die zu ihrer [der Freundschaft] Zerstörung grausam beigetragen haben, mögen dies mit ihrem Gewissen abmachen« (426).

Er selbst fühlt sich unschuldig.

> Und was auch in meinem Leben geschehen ist, welches Unrecht mir auch angetan wurde, ich habe niemals einen Menschen, der sich mit mir versöhnen wollte, zurückgewiesen. Das Gegenteil hat sich leider oft ereignet. (317)

Daß er selbst jemandem Unrecht getan haben könnte – nicht weil er Marcel Reich-Ranicki ist, sondern weil alle Menschen das tun –, zieht er nicht in Betracht. Ebensowenig, daß letztlich immer nur Freunde selbst ihre Freundschaften beenden können. Auf dem Umweg über die Literatur immerhin nimmt er entsprechende Einsichten wahr. Am Ende des Kapitels »Walter Jens oder Die Freundschaft« zitiert er, was Max Frisch über sich und Ingeborg Bachmann schrieb: »Das Ende haben wir nicht gut bestanden, beide nicht.«(426)

Der Kritiker und die Schriftsteller

Im Laufe seiner Karriere hat Marcel Reich-Ranicki fast alle Protagonisten der deutschen Literaturszene kennengelernt. So ist es verständlich, daß er sie beschreibt. Im folgenden ein kurzer Katalog seiner Stilmittel und Akzente. Die auch hier sich häufenden Aufweichungen durch ungenaue Zeit- und Mengenangaben, leere Adverbien und Umschreibungen mache ich in diesem Abschnitt durch Nicht-Kursivierung kenntlich.

Erstens: Literarische Anleihe.
Über Stanislaw Jerzy Lec, den Lyriker und Aphoristiker:

> *Er war ein Poet und ein Schalk, ein Meister mit der Narrenkappe. Er war ein Bursche von unendlichem Humor, voll von den herrlichsten Einfällen*[39] – wie der arme Yorick, *der königliche Spaßmacher, dessen Totenschädel Hamlet zu Tränen rührte. (303)*

Zweitens: Psychologisierende Adjektive.
Über Wolfgang Koeppen:

> *Aggressiv war der Schriftsteller, mit dem ich den Abend verbrachte*, am allerwenigsten, auch nicht *selbstsicher*, eher etwas *schüchtern*, wenn nicht *gehemmt*, sehr *freundlich und verbindlich*, auffallend *leise und liebenswürdig. (499)*

Über die Dichterin Ingeborg Bachmann:

> *Sie war eine trotz ihrer Erfolge* sehr *unsichere und* in mancher Hinsicht *gefährdete, eine unglückliche Person, die in der Verstellung Schutz suchte. (413)*

Drittens: Reportage.

> *Im Dezember 1968 traf ich [Ingeborg Bachmann] in Rom. [...] An unsere Gespräche kann ich mich* sonderbarerweise *nicht erinnern,* wohl aber *an ihr Aussehen. [...] Ingeborg Bachmann war* deutlich *gealtert, ihr Gesicht schien von einer Krankheit gezeichnet. Sie trug ein helles,* etwas *extravagantes,* angeblich sehr *teures Kleid, das* mir etwas *zu kurz vorkam. Sie sprach nachdenklich und* durchaus *vernünftig. Doch war ihre Selbstkontrolle* ein wenig *beeinträchtigt. (415f)*

> *Die Journalistin [Ulrike Meinhof],* vermutlich noch keine *dreißig Jahre alt, war* keineswegs besonders *schön, aber* nicht ohne Reiz. *(459)*

Viertens: Klatsch. Der folgende Absatz ist kein Auszug aus einem längeren Porträt, sondern das ganze Porträt:

> *[Joachim Kaiser] hat mich sofort verstanden – und ich ihn ebenfalls. Wir kannten uns kaum zehn Minuten und konnten miteinander reden, als kennten wir uns schon zehn Jahre lang, das heißt: mit raschen Kurzformeln, mit solchen, die man in der Öffentlichkeit* lieber *vermeiden sollte, weil sie meist Mißdeutungen provozieren. Kaiser* hatte *schon damals* einen schlechten Ruf: Er sei, wurde ich von einem Kollegen gewarnt, *ungewöhnlich* eitel, höchst *arrogant und* schrecklich *besserwisserisch. Ein typischer Kritiker, dachte ich mir, offenbar ein* besonders einflußreicher. Als wir im Hessischen Rundfunk plauderten, war er *noch* keine *dreißig Jahre alt, und doch hatte er schon die Erfahrung gemacht, daß der Erfolg den Neid weckt und der Ruhm den Zweifel. Im Laufe der Jahre und Jahrzehnte wurde Kaiser mit* immer mehr *Neid und* immer mehr *Mißgunst bedacht. Aber auch An-*

erkennung wurde ihm reichlich *zuteil: Er ist der* am häu-
figsten *plagiierte Musikkritiker Mitteleuropas. (379f)*

Fünftens: Rivalität.

> *Ich glaube, [Siegfried] Unseld ißt gern Kirschen. Auch
> ich liebe Kirschen. Aber* bisweilen *meint Unseld, fürchte
> ich, mit mir Kirschen zu essen sei nicht gut.* Gelegentlich
> *bin ich der Ansicht, es sei schwer mit ihm auszukommen.
> Die Verständigung zwischen uns mag die Tatsache beein-
> trächtigen, daß unsere Interessen* zwar nahe beieinander
> *liegen und sich doch unterscheiden: Meine Passion ist die
> Literatur, die seinige das Buch.* Wahrscheinlich *ist er der
> größte Verleger, den das literarische Leben Deutschlands
> in diesem Jahrhundert hatte und hat. Aber große, erfolg-
> reiche Verleger sind* nicht immer unbedingt *sympathi-
> sche Figuren und können es* wohl *nicht sein. (379)*

Sechstens: Ranglistenspiele.

> *Daß [Elias] Canettis Autobiographie dank ihrer literari-
> schen Kultur und menschlichen Reife* die meisten, ja bei-
> *nahe alle Bücher, die in jener Zeit in deutscher Sprache
> veröffentlicht wurden,* weit hinter sich *ließ, habe ich in
> diesen Kritiken natürlich gesagt.*
>
> *Doch schien es mir bedenklich, daß Canetti dem Be-
> dürfnis, die eigene Vergangenheit zu stilisieren und sich
> eine private Mythologie zu schaffen, offenbar* nicht den
> geringsten *Widerstand leistete. (453)*

Oberflächlicher kann man kaum erzählen. Keines dieser Porträts (von einem besseren wird später die Rede sein) macht
den Porträtierten sichtbar. Wer Hamlet liest, kennt Yorick, aber
nicht Lec. Daß Wolfgang Koeppen »am allerwenigsten aggressiv« und Ingeborg Bachmann »in mancher Hinsicht gefähr-

det« war, weiß der Kenner der Literaturgeschichte ohnehin, dem Nichtkenner sagt es wenig. »Keineswegs besonders schön, aber nicht ohne Reiz« sind viele junge Frauen unter Dreißig. Daß Ruhm Neid weckt und erfolgreiche Geschäftsleute »nicht immer unbedingt sympathische Figuren« sind, ist ein Gemeinplatz, der nichts über die Personen Joachim Kaiser und Siegfried Unseld sagt. Inkonsistente Wahrnehmung zeigt sich auch in widersprüchlichen Aussagen, die unmittelbar aufeinander folgen: »Sie sprach nachdenklich und durchaus vernünftig. Doch war ihre Selbstkontrolle ein wenig beeinträchtigt.« Dasselbe gilt für Canettis »menschliche Reife«, zu der ungehemmte Selbststilisierung wenig paßt. Begründungen sind meist fadenscheinig: »Die Verständigung zwischen uns mag die Tatsache beeinträchtigen, daß unsere Interessen zwar nahe beieinander liegen und sich doch unterscheiden« – nun. Ich denke, der Kritiker Marcel Reich-Ranicki hätte solche Sätze jedem Autor um die Ohren geschlagen.

Ungenaue Wahrnehmung, vor allem in Kombination mit Wertungsdrang, verleitet zu Verallgemeinerungen und Abstraktionen. Einige Beispiele.

Ich habe noch nie einen Schriftsteller kennengelernt, der nicht eitel und nicht egozentrisch gewesen wäre – es sei denn, es war ein besonders schlechter Autor. (305)

Was habe ich aus dem Gespräch mit Anna Seghers gelernt? Daß die meisten Schriftsteller von der Literatur nicht mehr verstehen als die Vögel von der Ornithologie. Und daß sie am wenigsten ihre eigenen Werke zu beurteilen imstande sind. Denn in der Regel wissen sie zwar, was sie ungefähr zeigen und verdeutlichen, erreichen und bewirken wollten. Dieses Wissen trübt ihren Blick auf das, was sie tatsächlich geleistet und geschaffen haben. (342f)

Ich habe viel von Böll gelernt – auch die simple Einsicht, daß es zwischen einem Autor und einem Kritiker Frieden oder gar Freundschaft nur dann geben kann, wenn der Kritiker niemals über die Bücher dieses Autors schreibt, und wenn dieser sich damit ein für allemal abfindet. (369)

Daß Schriftsteller schwierige Menschen mit ausgeprägten individualistischen, häufig anarchischen Neigungen sind, war mir längst bekannt. Meist ist es vergeblich, sie unter einen Hut bringen zu wollen. Nichts verabscheuen sie mehr als die Auftritte von Kollegen, die vortragen, was sie verfertigt haben. (405)

Denn die meisten Schriftsteller sind in einer Krise oder haben gerade eine Krise überwunden oder befürchten eine Krise. Daher genießen sie die Krise eines Kollegen beinahe wollüstig. (416)

Diese Aussagen – tendenziell andere habe ich nicht gefunden – fassen die Erkenntnisse des siebzigjährigen Kritikers über die Autorenspezies zusammen. Autoren werden von Laien gelegentlich darauf angesprochen, deswegen seien sie kurz diskutiert. Ist was dran? Wie kann – unser Thema! – ein Leser, der selbst kein Autor ist, das an der Form erkennen?

Formal hat jede dieser Aussagen einen manipulativen Kern.

Scheinalternative. »Nie einen Schriftsteller kennengelernt, der nicht eitel […] gewesen wäre – es sei denn, es war ein besonders schlechter Autor«: Das teilt die Autoren scheinbar zwingend in zwei Lager auf. Schriftsteller, die weder eitel noch »besonders schlecht« sind, gibt es nicht.

Scheinautorität. »Von Anna Seghers gelernt«, »von Böll gelernt« gibt eine Privatmeinung des Kritikers als Lehre berühmter Künstler aus, wobei pikanterweise diese Meinung die Künstler noch entwertet.

Scheinbeweis: »Von Anna Seghers gelernt, daß die meisten Schriftsteller [...]« zieht einen willkürlichen Schluß von der Einzelperson auf die Gattung. Ein Äquivalent auf gleichem Niveau wäre der Satz: »Von Lady Diana habe ich gelernt, daß die meisten Prinzessinnen Eßstörungen haben.«

Scheinbescheidenheit. Wie kann man eine »Einsicht« »lernen«?

Falsche Analogie: Daß »die meisten Schriftsteller von der Literatur nicht mehr [verstehen] als die Vögel von der Ornithologie«, schließt scheinbar humoristisch zwei unvereinbare Gattungen kurz, um die eigene Autorität zu stärken. Jeder Schriftsteller weiß, was Literatur ist, während ein Vogel schlechterdings nicht wissen kann, was Ornithologie ist.

Scheinlogik. Die Autoren wissen »zwar, was sie ungefähr bewirken [...] wollten. Dieses Wissen trübt ihren Blick auf das, was sie tatsächlich geleistet [...] haben.« Warum sollte das so sein? Tatsächlich ist es schwer, die eigene Leistung zu beurteilen, aber das hat mit Angst und Eitelkeit zu tun und niemals mit dem Wissen, was man »ungefähr bewirken« wollte.

Scheinbegründungen: »Haben / befürchten eine Krise. Daher genießen sie die Krise eines anderen [...]« Warum? Das träfe nur zu, wenn man der ganzen Gattung Schadenfreude unterstellt.

Scheinpräzise Begriffe, die nichts aussagen. Was sind »individualistische Neigungen«?

Scheinhumoristische Übertreibungen. »Nichts verabscheuen sie mehr«, »genießen beinahe wollüstig« sind karikierende Zuspitzungen, die sich komplizenhaft an die Schadenfreude des Publikums richten.

Kann man aus der manipulativen Form schließen, daß eine Aussage falsch ist? Ja. Die manipulative Aussage belegt nicht nur nicht, was sie zu belegen behauptet, sie zeigt auch, daß der Aussagende selbst seiner Botschaft nicht traut. Er glaubt sie verdrehen zu müssen, um sie an den Mann zu bringen.

Vor allem aber ist die manipulative Aussage ungenau und sagt daher wie jede Ungenauigkeit, Verallgemeinerung und Pauschalierung mehr über den Aussagenden als über den Gegenstand. Das Verhältnis des Autobiographen zu den Autoren ist offenbar spannungsreich, tendenziell entwertend, von Rivalität bestimmt.

Das kann viele Gründe haben: Kontaktschwierigkeiten, übergroße Erwartung und Enttäuschung; offenbar Verständnislosigkeit, Empfindlichkeiten, Ängste auf beiden Seiten. Marcel Reich-Ranicki hat von Autoren Beleidigungen, Drohungen, Haß erfahren. Er erzählt: Heinrich Böll nannte ihn »Arschloch« (368), Max Frisch »präpotent« (524). Wolf Dieter Brinkmann sagte zu ihm: »Ich sollte überhaupt nicht mit Ihnen reden, ich sollte hier ein Maschinengewehr haben und Sie niederschießen.« (446) Peter Handke warf ihm »Mordlust«(446) vor. Christa Reinig formuliert in einem Roman Vernichtungsphantasien (446f). Aktiv oder reaktiv? Jedenfalls auch für diese Schriftsteller nicht schmeichelhaft. Aber: Sie verkörpern nicht die Gattung.

Gelungenes Porträt

Ein lebendiges Porträt, das ist mir wichtig, ist dem Autobiographen aber gelungen. Es gilt der Familie Thomas Manns. Unbekümmert geschrieben und erfrischend komisch ist die Szene, in der Hans Mayer und Marcel Reich-Ranicki Manns Witwe Katia in deren Villa am Züricher See besuchen. Sie warten, offenbar von einem Dienstmädchen hereingeführt, im Salon.

Nach wenigen Augenblicken kam Katia Mann. Sie trug ein dunkelgraues, beinahe bis zum Boden reichendes Kleid. Wie eine gestrenge Domina sah sie aus, wie eine imposante Stiftsvorsteherin. Hans Mayer hatte in der Hand einen großen Blumenstrauß, den ihm aber Frau

Mann gar nicht abnehmen wollte. Er wurde von ihr barsch angefahren: »Sie haben geschrieben, das Spätwerk meines Mannes bröckele ab.« Mayer, immer noch mit den Blumen in der Hand, war verlegen wie ein Schuljunge und stammelte hilflos: »Aber Gnädige Frau, ich bitte, ich bitte höflichst, bedenken zu wollen ...« Katia Mann unterbrach ihn sofort: »Widersprechen Sie mir nicht, Herr Mayer, Sie haben geschrieben, Thomas Manns Spätstil sei ein Abbröckeln. Sie sollten wissen, daß über meinen Mann alljährlich in der ganzen Welt mehr Doktorarbeiten eingereicht und gedruckt werden als über diesen, über diesen Kafka!« (508)

Nirgends sonst in diesem Buch findet sich eine in Vokabular (»höflichst«, »Abbröckeln«), Stil (»bedenken zu wollen«, »Widersprechen Sie mir nicht«) und Duktus (»als über diesen, über diesen Kafka«) so individuelle, lebendige direkte Rede. Die Beschreibungen sind vergleichsweise konkret, sinnliche Details geben der Szene Farbe und Kontur, und der Bericht hat einen gewissen Fluß, so daß sich ein Stück Welt zusammenfügt.

Auch das Porträt von Thomas Manns unglücklichem Sohn Golo gerät unerwartet warmherzig und einfühlsam. Warum? Der Autobiograph interpretiert nicht, sondern beobachtet, er hört zu und gibt Golo Manns Auskünfte und Anekdoten fast ohne Kommentar wieder – eine Wohltat. Unter anderem erzählt Reich-Ranicki von einem Spaziergang mit dem einsamen Junggesellen Golo, der aus dem Gedächtnis lateinische und deutsche Verse zitiert.

Goethe [sagte Golo] sei für ihn so notwendig wie die Luft, die wir zum Atmen brauchen, wie das Licht, ohne das wir nicht leben können. Dann hörte ich mehrfach die Vokabel »Dank«.

Ohne Übergang fragte ich nun nach seinem Verhältnis zu Thomas Mann. Golo wich mir nicht aus, aber er ant-

wortete einsilbig. Jetzt hörte ich ganz andere Vokabeln:
Angst, Abscheu, Bitterkeit, wohl auch Haß. Als wir den
Kilchberger Friedhof passierten, schlug er vor, das Grab
von Conrad Ferdinand Meyer aufzusuchen. Daß auf
demselben Friedhof Thomas und Katia Mann beerdigt
sind, blieb unerwähnt. Als Golo Mann 1994 starb, wurde
auch er auf dem Kilchberger Friedhof begraben, doch auf
seinen ausdrücklichen Wunsch möglichst weit vom Grab
seiner Eltern entfernt. Tatsächlich befindet sich sein Grab
unmittelbar an der Friedhofsmauer.

Auf dem Rückweg nach Zürich dachte ich mir, daß ich
in meinem ganzen Leben noch nie einem Menschen be-
gegnet sei, der soviel an seinem Vater gelitten und der so-
viel der Dichtung zu verdanken habe wie Golo Mann, der
unglückliche Sohn eines Genies und der glückliche Be-
wunderer, der noble Enthusiast der Literatur. (517)

Das Kapitel zeigt, wieviel das Erzählen mit psychischer Dispo-
sition zu tun hat. Der exzessive Kommentator Marcel Reich-
Ranicki zeigt sich hier entspannt, offen, ohne Angst, er will
verstehen, nicht überwältigen. Vielleicht hat Golos Schüch-
ternheit ihn besänftigt, vielleicht schont er auch aus einer exi-
stentiellen Verbundenheit heraus die Manns, die für ihn die
beste Möglichkeit deutscher Literatur und Kultur symbolisieren. So gesehen verbände beide, den Heimatlosen und den
Sohn, mit ihrem Gegenstand eine vertrackte, einseitige Vereh-
rung, ein lebenslanges Gefühl, »zu wenig Sympathie, zu wenig
Liebe« (514) erfahren zu haben, Versehrungen durch ein un-
glückliches Leben und die Rettung durch Literatur.

Marcel Reich-Ranicki als Kritiker

Mein Leben zeigt ein dramatisches Schicksal in einer extremen Deutung, gestaltet durch ein extremes Temperament. Es zeigt die formalen und sprachlichen Manöver, denen eine so stark interessengesteuerte Darstellung ihren Stoff unterwirft: die Ungenauigkeit, den Mangel an Klarheit und Rhythmus, die Übertreibungen, Trivialisierungen, die Suggestionen, die rhetorischen Geständnisse, die Pointierungen, die Tricks. Es zeigt, welche Kraft eine solche Deutung haben kann, ein schweres Schicksal subjektiv zu bewältigen.

Eines zeigt das Buch nicht: die starke und besondere Qualität des Literaturkritikers Marcel Reich-Ranicki. Es wäre sträflich, darauf nicht hinzuweisen, denn sie hat nicht nur zu meiner literarischen Bewußtseinsbildung beigetragen. Sie gehört auch als Geschichte zu den Wundern der Literatur.

Worin bestand dieses Wunder? Vielleicht darin, daß Marcel Reich-Ranicki hier wirklich liebes- und beziehungsfähig war. Dieser unsichere Mensch mit seinem ruhelosen Narzißmus, der ständig die Machtfrage stellt, konnte sich in einen neugierigen, sorgfältigen Leser verwandeln. Der humorlose Rechthaber wurde als Leser fähig zu Einfühlung, Einsicht, Toleranz. Der oberflächliche Erzähler mit seiner aufgeladen-trivialen Kampfprosa war als Kritiker zu ungeahnten Differenzierungen fähig: Seine besten Gedanken und Sätze galten nicht dem Leben, sondern der Literatur.

Auch in der Intensität dieser Beziehung liegt das Geheimnis seines Erfolgs. Für Marcel Reich-Ranicki, den Verfolgten und vom Leben Entfremdeten, war die Kunst existentiell. In ihr suchte er das Leben wie ein Süchtiger. Er hatte ein Gespür für das Künstlerische, die Essenz des Lebens, das, was den Text zur Literatur, die Töne zur Musik macht. Kein hoher Stil, kein literarisierender Gestus, kein literarischer Trick kann das ersetzen. Autoren neigen in ihren schwachen Augenblicken dazu, sich mit Kunstgriffen zu behelfen, und Kritiker neigen dazu, auf sie hereinzufallen; das liegt an menschlicher Fehlbarkeit, sozialer Verquickung, Gruppendynamik, modischem Konsens, das ist menschliche Praxis. Der Reich-Ranicki seiner guten Zeit fiel kaum auf Tricks herein. Er hatte eine seltene Kraft, auf den Punkt zu kommen, und begründete (damals) seine Urteile klar.

Wenn er den künstlerischen Funken vermißte, wurde er ungeduldig, höhnisch, auch grob. Da er sich selbst anscheinend als statisch erfuhr, mag er einige Gesetzmäßigkeiten übersehen haben. Einmal die, daß mit der Lebenserfahrung die Beeindruckbarkeit abnimmt, daß man allmählich für den großen Zauber, die elektrisierende Erkenntnis, den Rausch der Offenbarung weniger empfänglich wird. Dann die, daß man im Alter, wenn man die großen Werke der Weltliteratur schon kennt, sich mit immer mehr Spreu begnügen muß: Am Anfang erntet man in wenigen Jahren die Spitzenleistungen aus Jahrtausenden, in der Gegenwart scheint die Leistungsdichte geringer, weil die Spreu der früheren Produktion verweht ist, während die der Gegenwart hoch wirbelt und den Blick trübt.

Ab den neunziger Jahren jedenfalls zeigte der Kritiker Ermüdungserscheinungen. Er wirkte zunehmend ungeduldig und oberflächlich, sein Urteil affektgesteuert und effektbedacht, von Rivalität und Ressentiment bestimmt. Das mindert nicht die Bedeutung des von ihm hinterlassenen kritischen Werks. Er bleibt eine der großen Figuren der deutschen Literaturkritik im 20. Jahrhundert.

In eigener Sache

Bin ich objektiv? Nein. Ich denke, ich habe Sprache und Erzähltechnik des Autobiographen sachlich dargestellt. Aber natürlich habe ich auf den Text auch emotional reagiert. Das darf ich weder ignorieren noch verschweigen, wenn meine Arbeit aussagefähig sein soll.

Zum Beispiel gebe ich zu, daß mich ein ungenauer Stil quält.

Ich halte es für Zeitverschwendung, durch ein unscharfes Fernglas zu blicken. Schematische Bewertungen langweilen mich, und forcierte oder suggestive Einseitigkeit ärgert mich unabhängig vom Vorzeichen, das sie dem Gegenstand verpaßt. Weiterhin habe ich schlechte Erfahrungen mit aggressiver Erzählprosa. Falls es gute gibt, habe ich sie bisher nicht kennengelernt. Gutes Erzählen lebt von der Freiheit der Wahrnehmung. Es kann revolutionär wirken, wenn es Mißstände beim Namen nennt, aber es muß die Verhältnisse für sich sprechen lassen. Aggressiven Erzählern mißtraue ich auch, wenn ich ihr Anliegen teile.

Normalerweise lege ich solche Prosa nach wenigen Seiten weg. Ich habe in diesem Fall um meines Essays willen durchgehalten, erstens weil sich hier eine Menge über taktisches Erzählen lernen läßt, zweitens, weil der Autor eine Figur der Zeitgeschichte ist. Oben sprach ich von unseren Deutungsdefiziten, was die Epoche des Nationalsozialismus betrifft. Letztlich sind es Deutungsängste. Insofern war die Lektüre auch ein Exerzitium.

Ich ertappte mich dabei, daß ich bei jedem Unwillen, den der aggressive Ton und die nationalen Suggestionen in mir auslösten, sofort an Gaskammern und rauchende Krematorien dachte und beschämt war. Die Stärke dieser Empfindung ließ mir keine andere Möglichkeit als entweder schuldbewußt mich dem Weltbild des Autors zu unterwerfen oder mich in der Reihe seiner Henker zu sehen. So wurde ich, ob ich zustimmte oder ablehnte, Teil seines paranoiden Systems. Auch anderen Lesern scheint es so gegangen zu sein, denn ich hörte nur zwei Reaktionen: entweder »nicht gelesen« bzw. »vergessen« oder »großartig«, ohne die in unserem Metier üblichen und notwendigen Differenzierungen. Die Emotionalität dieser Prosa – zusammen mit dem peinigenden Gedenken – schien eine genaue Betrachtung unmöglich zu machen.

Es hat unter diesem Streß zunächst Mühe gekostet, den Text nüchtern zu lesen. Nur dadurch aber gelang es, aus dem

Kreislauf suggestiver Erniedrigung und Entwertung, der natürlich nicht bei Reich-Ranicki begonnen hat, herauszutreten. Reich-Ranickis Erzählung zeigt die Entstehung seines Systems in einem grotesken, gewaltsamen Weltbild und einer schweren Traumatisierung; sie zeigt aber auch seine Unzulänglichkeit. Es ist eine Schockdeutung mit deutlich autosuggestiven Elementen, und sie ist natürlich zu respektieren, aber ihre Folgerungen sind weder zwingend noch vernünftig. Im Gegenteil: Sie stimulieren die falschen Seiten in uns.

In eigener Sache also: Es ist gut, sich mit Scham zu erinnern, was in unserem scheinbar so zivilisierten Land möglich war. Doch unsere Hauptaufgabe sollte sein, daß wir uns kein weiteres Mal von totalitären Staatssystemen oder Regierungen instrumentalisieren lassen. Dazu brauchen wir Vertrauen in die eigene Wahrnehmung, Widerstandskraft gegen Fremdbestimmung und zivilen Mut. Denn die Gefahr, würde ich sagen, liegt nicht in unserer genetischen Mordlust, sondern in unsrem begrenzten Überblick bei unbegrenzter Bequemlichkeit, unserer Korrumpierbarkeit durch vermeintlichen Vorteil, unserer Beeindruckbarkeit durch Macht und unserer Bereitschaft, uns selbst zu betrügen.

»Sie fanden Oskar nicht, weil sie Oskar nicht gewachsen waren«
Die Blechtrommel von Günter Grass

Alfred Andersch und Marcel Reich-Ranicki haben in den besprochenen Werken sich selbst zum Thema gemacht: Der eine erzählte halbbiographisch (unter fremdem Namen eine vermeintlich eigene Geschichte), der andere direkt, unter eigenem Namen für die eigene Person. Der eine schuf aus historischen Versatzstücken eine hyperrealistische Bühne, um sein persönliches Drama mit gnädigeren Akzenten nachzuinszenieren, der andere selektierte aus der Geschichte seine ahasverische Passion. Den einen hat die Epoche moralisch traumatisiert, den anderen existentiell verfolgt. Beide versuchten ihre Biographien von der historischen Katastrophe aus zu deuten. Beide stießen dabei auf Probleme, an denen sie deutend sich aufrieben, weshalb ihre Erzählsprache eine vielfältige Wahrheit offenlegte, über die Grenzen der Autoren-Einsicht hinaus.

Der Schriftsteller Günter Grass dagegen hat in seinem Debütroman *Die Blechtrommel* (1959) die Nazizeit nicht autobiographisch beschrieben, sondern über eine Phantasiefigur, mit künstlerischen Mitteln. Dieser Weg bietet größere Freiheit unter strengeren Bedingungen: Die Erfindung muß sich nicht an der Wirklichkeit messen lassen, sondern »nur« an ihrer Stimmigkeit. Die Literatur schafft ein *Modell* des Lebens und hat da scheinbar vollkommene Freiheit, aber ein Modell, das künstlerische Bedeutung beansprucht, muß in Konsistenz, Bildlogik und Substanz überzeugen. Es leistet nur etwas, wenn es eine innere Analogie zum Leben enthält.

Grass, Jahrgang 1927, ist sieben Jahre jünger als Marcel Reich-Ranicki und vierzehn Jahre jünger als Andersch. Er wuchs in einem Vorort von Danzig (heute Gdańsk, Polen) auf, kam sechzehnjährig als Volkssturmmann nach Berlin, wurde bei seinem ersten Militäreinsatz leicht verwundet und verbrachte einige Wochen als Kriegsgefangener in einem amerikanischen Lager. Er kannte Diktatur und Krieg aus eigener Anschauung, mußte sich aber als Minderjähriger nicht verantwortlich fühlen. Entsprechend unbekümmert gibt sich seine Deutung der Epoche, nach dem Krieg immerhin die erste eines Autors der jüngeren, scheinbar unbelasteten Generation. *Die Blechtrommel*, ein 731 Seiten starkes Antimärchen über einen grandiosen Protest-Zwerg, ist in einem temperamentvoll ausholenden Stil geschrieben, im Ton nicht zerknirscht, pathetisch oder wehleidig, sondern burlesk und ironisch, in der Darstellung nicht verzagt und vage, sondern prall, grotesk, roh. 1959 verblüffte das giftig-opulente Buch die deutsche Wirtschaftswunderwelt. Konservative Kritiker warfen ihm Blasphemie, Geschmacklosigkeit und Amoralität vor, fortschrittliche bejubelten seine urtümliche Kraft. Fast alle aber bewunderten seine Virtuosität. Alsbald etablierte sich das Buch im bundesdeutschen Kanon. Inzwischen wurde es weltweit über drei Millionen Mal verkauft, der Autor erhielt 1999 den Nobelpreis für Literatur.

Als deutlich nach dem Krieg Geborene (1956), die die von Grass beschriebenen Epoche nicht aus eigener Anschauung kennt, hatte ich bei einem ersten Leseversuch vor Jahren einen ganz anderen Eindruck. Das Buch erschien mir trotz seiner glänzenden Sprache überladen, verkrampft und in den entscheidenden Fragen sogar ängstlich. Natürlich fragte ich mich nach dem Grund dieses Eindrucks, der der allgemeinen Einschätzung ja deutlich widersprach. Allerdings gab es damals keine Gelegenheit, die Frage zu klären. Jetzt nahm ich sie mir wieder vor.

Das Buch ist zu dick, als daß ich es hier ganz durchnehmen

könnte. Ich möchte aber zumindest die ersten drei Kapitel auf ihre Stilmittel hin untersuchen und zeigen, wie Stil und Erfindung einander bedingen. Die Ergebnisse werde ich anhand einzelner Themen aus den späteren Teilen überprüfen.

Visitenkarte, wie immer

Das Leben eines Menschen beginnt mit der Geburt. Wenn Marcel Reich-Ranicki, wie wir im letzten Kapitel gesehen haben, seine Autobiographie mit dem Treffen der Gruppe 47 in Großholzleute beginnen läßt, hat das programmatische Bedeutung: Dort, mit einem wiewohl bedrohten heimlichen Triumph (Rückkehr) und auf erheblicher gesellschaftlicher Höhe, beginnt die Existenz, mit der er identifiziert werden möchte. Auch Oskar Mazerath, der Held der *Blechtrommel*, führt sich als Erwachsener ein.

> *Zugegeben: ich bin Insasse einer Heil- und Pflegeanstalt, mein Pfleger beobachtet mich, läßt mich kaum aus dem Auge; denn in der Tür ist ein Guckloch, und meines Pflegers Auge ist von jenem Braun, welches mich, den Blauäugigen, nicht durchschauen kann.*[40]

Auch diese Situation ist programmatisch. »Zugegeben« ist ein rhetorischer Beginn. »Heil- und Pflegeanstalt« erniedrigt scheinbar den Erzähler, der allerdings schon im nächsten Halbsatz seine besondere Bedeutung erklärt: Sein Pfleger läßt ihn »kaum aus dem Auge«, widmet sich ihm also ganz und gar, was allerdings nichts nützt, denn »meines Pflegers Auge ist von jenem Braun, welches mich, den Blauäugigen, nicht durchschauen kann.« All das ist nicht realistisch und soll es auch nicht sein: »kaum aus dem Auge« ist eine Übertreibung, und natürlich hat das Braun eines Auges keinen Einfluß auf die Intelligenz des Schauenden. Vielleicht handelt es sich um ein

Spiel mit Farbassoziationen: Bei Braun dachte man 1959 wahrscheinlich auch an Nationalsozialismus, Augenblau konnte ebenso Unschuld wie Hellsicht bedeuten. Vermittelt wird Doppelbödigkeit: Der Held ist so ohnmächtig (eingesperrt) wie mächtig (undurchschaubar), er ist wichtig und mysteriös und präsentiert sich in einem Ton vollendeter Ironie. Verrücktenstatus und Ironie machen ihn unangreifbar.

Die folgenden Seiten bauen die Selbstdarstellung aus:

Einmal in der Woche unterbricht ein Besuchstag meine zwischen weißen Metallstäben geflochtene Stille. Dann kommen sie, die mich retten wollen, denen es Spaß macht, mich zu lieben, die sich in mir schätzen, achten und kennenlernen möchten. Wie blind, nervös, wie unerzogen sie sind. […] Mein Anwalt stülpt jedesmal, sobald er mit seinem Hallo das Zimmer sprengt, den Nylonhut über den linken Pfosten am Fußende meines Bettes. Solange sein Besuch währt – und Anwälte wissen viel zu erzählen –, raubt er mir durch diesen Gewaltakt das Gleichgewicht und die Heiterkeit. (10)

Der Held spricht sich hier magische Züge zu. Er wird geliebt, und nicht nur das: die ihn lieben, brauchen ihn, um »sich« in ihm zu schätzen usw. Warum, wird nicht erklärt. Oskar sieht auf sie herab. Sogar ein Anwalt kommt, der ihn retten will. Der Anwalt wird nicht persönlich, sondern als Vertreter einer bespöttelten Zunft vorgestellt: »Anwälte wissen viel zu erzählen«. Die Rettungsbemühungen werden verachtet, Oskar stellt sich als jemand dar, dessen Gleichgewicht und Heiterkeit dadurch eher gefährdet als gefördert werden. Warum wirft er den Anwalt nicht raus? Das wird nicht gesagt. Oskar spiegelt sich in diesem Anwalt wie in allen Besuchern, interpretiert sich dabei aber als autark, auf andere Menschen nicht angewiesen, unverletzlich.

Helden solcher Art sind normalerweise in der Trivialliteratur zu finden; hier aber scheint es um anderes zu gehen. Oskars Sprache ist nicht trivial, sondern reich an gesuchten Bildern (»meine zwischen weißen Metallstäben geflochtene Stille«). Sie ist gespickt mit ironischen Hinweisen wie Übertreibungen (»sobald er mit seinem Hallo das Zimmer sprengt«), Spott (über Anwälte, den Pfleger, die Besucher), rhetorischen Kommentaren (»Wie blind, nervös, wie unerzogen sie sind«). Der Ton ist ironisch: Dem Leser wird bedeutet, daß der Autor alles ganz anders meine, als er es hier sagt. Die Frage, *wie* er es meint, blieb offen. Bisher hat sich der Held vor allem mystifiziert. Warum er in der Anstalt sitzt, seit wann und wo, wer er ist, wurde nicht gesagt.

Die Exposition bricht damit zunächst ab, und es folgt, bevor noch im selben Kapitel die Familiengeschichte des Helden aufgerollt wird, eine poetologische Zwischenbemerkung:

Man kann eine Geschichte in der Mitte beginnen und vorwärts wie rückwärts kühn ausschreitend Verwirrung anstiften. Man kann sich modern geben, alle Zeiten, Entfernungen wegstreichen und hinterher verkünden oder verkünden lassen, man habe endlich und in letzter Stunde das Raum-Zeit-Problem gelöst. Man kann auch ganz zu Anfang behaupten, es sei heutzutage unmöglich einen Roman zu schreiben, dann aber, sozusagen hinter dem eigenen Rücken, einen kräftigen Knüller hinlegen, um schließlich als letztmöglicher Romanschreiber dazustehen. Auch ich habe mir sagen lassen, daß es sich gut und bescheiden ausnimmt, wenn man anfangs beteuert: Es gibt keine Romanhelden mehr, weil es keine Individualisten mehr gibt, weil die Individualität verlorengegangen, weil der Mensch einsam, jeder Mensch gleich einsam, ohne Recht auf individuelle Einsamkeit ist und eine namen- und heldenlose einsame Masse bildet. Das mag alles so sein und seine Richtigkeit haben. Für mich, Oskar, und meinen Pfleger Bruno möchte ich jedoch fest-

stellen: Wir beide sind Helden, ganz verschiedene Helden, er hinter dem Guckloch, ich vor dem Guckloch; und wenn er die Tür aufmacht, sind wir beide, bei aller Freundschaft und Einsamkeit, noch immer keine namen- und heldenlose Masse. (12f)

Auch dieses Programm ist ironisch. Oskar erklärt, daß man beliebig erzählen könne, und welche erzählerischen Tricks die Beliebigkeit ermögliche; er bezieht sich auf einen zeitgenössischen Erzähldiskurs, dessen Irrtümer und Versuchungen er gönnerhaft durchschaut. Nachdem er so seine Unzuverlässigkeit als Erzähler thematisiert hat, erklärt er scheinbar naiv, für ihn gelte das alles nicht, er halte sich für einen Helden. Auch dieses Manifest wird sogleich konterkariert, indem Oskar seinen Pfleger Bruno mit einbezieht. Die Begründung, die er liefert, ist keine: »Und wenn er die Tür aufmacht, sind wir beide, bei aller Freundschaft und Einsamkeit, noch immer keine namen- und heldenlose Masse.« Weder Türöffnen noch Freundschaft noch Einsamkeit bedeuten, daß jemand eine heldenlose Masse sei oder auch nicht; der Erzähler mischt hier verschiedene Kategorien zu einem ironischen Effekt. Nach dieser poetologischen Schein-Deklaration beginnt er, seinen »Freunden und allwöchentlichen Besuchern« die Geschichte seiner Großmutter zu erzählen, beziehungsweise: wie Oskars Mutter gezeugt wurde.

Oskars Ursprungslegende

Der Grundeinfall ist, daß Oskars Großmutter, eine einfache Landarbeiterin, bei der Mittagsjause auf einem Kartoffelfeld einem verfolgten kaschubischen Brandstifter Unterschlupf unter ihren Röcken gewährt, wo der Flüchtling die Obdachspenderin befruchtet, während wenige Meter entfernt die Polizei nach ihm sucht. Erzählt wird das so:

Meine Großmutter Anna Bronski saß an einem späten Oktobernachmittag in ihren Röcken am Rande eines Kartoffelackers. Am Vormittag hätte man sehen können, wie es die Großmutter verstand, das schlaffe Kraut zu ordentlichen Haufen zu rechen, mittags aß sie ein mit Sirup versüßtes Schmalzbrot, hackte dann letztmals den Acker nach, saß endlich in ihren Röcken zwischen zwei fast vollen Körben. Vor senkrecht gestellten, mit den Spitzen zusammenstrebenden Stiefelsohlen schwelte ein manchmal asthmatisch auflebendes, den Rauch flach und umständlich über die kaum geneigte Erdkruste hinschickendes Kartoffelkrautfeuer. Man schrieb das Jahr neunundneunzig, sie saß im Herzen der Kaschubei, nahe bei Bissau, noch näher der Ziegelei, vor Ramkau saß sie, hinter Viereck, in Richtung der Straße nach Brentau, zwischen Dirschau und Karhaus, den schwarzen Wald Goldkrug im Rücken saß sie und schob mit einem an der Spitze verkohlten Haselstock Kartoffeln unter die heiße Asche. (12f)

Erzählt wird in langen Perioden mit bewußt aufgelöster Syntax in einem rhapsodischen Ton, der an mündliche Erzählformen erinnert. Geboten wird eine Fülle realistischer (Landarbeit, Jahreszahl, Ortsnamen) Details, in oft subversiven Formulierungen: Anna saß »im Herzen« der Kaschubei, »nahe bei Bissau, noch näher der Ziegelei«: Die Sprache bietet nicht nur sinnliche Bilder und scheinbar exakte Informationen, sondern will auch in ihrer Struktur, ihren Doppel- und Nebenbedeutungen genossen werden.

Nun werden die vier Röcke der Großmutter vorgestellt mit der ironischen Begründung, der Erzähler wisse, »was ich diesem Kleidungsstück schuldig bin« (13). Stoff, Menge, Muster, Farbe, Geruch, Waschturnus, Schichtung werden zwei Seiten lang beschworen. Dann, während Großmutter Anna Anstalten macht, eine der gerösteten Kartoffeln zu verzehren, tauchen am Rand des Feldes ein Flüchtling und zwei Verfolger auf.

Es bewegte sich etwas zwischen den Telegrafenstangen. Meine Großmutter schloß den Mund, nahm die Lippen nach innen, verkniff die Augen und mümmelte die Kartoffel. Es bewegte sich etwas zwischen den Telegrafenstangen. Es sprang da etwas. Drei Männer sprangen zwischen den Stangen, drei auf den Schornstein zu, dann vorne herum und einer kehrt, nahm neuen Anlauf, schien kurz und breit zu sein, kam auch drüber, über die Ziegelei, die beiden anderen, mehr dünn und lang [...] die anderen Springer, die wieder zum Schornstein hin mußten, weil der schon drüber rollte, als die, zwei Daumensprünge entfernt, noch Anlauf nahmen und plötzlich weg waren, die Lust verloren hatten, so sah es aus, und auch der Kleine fiel mitten im Sprung vom Schornstein hinter den Horizont.

[...]

Und er schaffte es bis zum Hohlweg, war kaum klein und breit im Hohlweg verschwunden, da kletterten auch schon lang und dünn die beiden anderen, die inzwischen die Ziegelei besucht haben mochten, über den Horizont, stiefelten sich so lang und dünn, dabei nicht einmal mager über den Lehm, daß meine Großmutter wiederum nicht die Kartoffel spießen konnte; denn so etwas sah man nicht alle Tage, daß da drei Ausgewachsene, wenn auch verschieden gewachsene, um Telegrafenstangen hüpften, der Ziegelei fast den Schornstein abbrachen und dann in Abständen, erst klein und breit dann dünn und lang, aber alle drei gleich mühsam, zäh und immer mehr Lehm unter den Sohlen mitschleppend, frischgeputzt durch den vor zwei Tagen vom Vinzent gepflügten Acker sprangen und im Hohlweg verschwanden. (15ff)

Der scheinmündliche Duktus wird kunstvoll beschleunigt, Sätze und Halbsätze folgen wie stolpernd aufeinander, mit Wiederholungen und Kalauern wird ausgiebig gespielt, originelle Ausdrücke (»zwei Daumensprünge entfernt«) und Mutmaßungen (»die beiden anderen, die inzwischen die Ziegelei besucht haben mochten«) bedeuten, daß auch dieses Arrangement komisch gemeint ist. Es ist eine Slapstickszene, sogar wie im Stummfilm: weder wird gerufen, noch geschossen.

Personendarstellung ist nicht angestrebt. Großmutter Anna wird durch ihre Röcke repräsentiert, ein archaisch vegetatives Wesen. Die uniformierten Verfolger firmieren, nachdem der Einfall »lang und dünn« reichlich ausgekostet wurde, als »die Uniformen«, was Anlaß für weitere Kalauer gibt: »Doch mitten im Kauen besannen sich die Uniformen ihrer Uniformen« (20). Der Flüchtling schlüpft als »kleines und breites Tier« (17) unter Annas hilfsbereit gelupfte Röcke.

Alsbald beginnt Anna zu seufzen. Sie verdreht die Augen und zählt die »kaschubischen Vornamen aller Heiligen« auf, während »die Uniformen« mißtrauisch um sie kreisen, »wissen wollten, was es zu seufzen gebe« (19), ihre Bajonette »gezielt in jedes Mauseloch« (20) stoßen und schließlich unverrichteter Dinge abziehen. Auch das ist scheinbar naiv, aber deutlich anspielungsreich im nämlichen freien Duktus erzählt. Des Rätsels Lösung folgt nach einer Serie langer, grammatikalisch großzügiger Perioden schließlich in einem vergleichsweise kurzen abgeschlossenen Satz im vollendeten Nominalstil. Anna nämlich steht auf; dem Geretteten »wurde es kalt, als er auf einmal so ohne Haube klein und breit unter dem Regen lag«, und:

Schnell knöpfte er sich jene Hose zu, welche unter den Röcken offen zu tragen ihm Angst und ein grenzenloses Bedürfnis nach Unterschlupf geboten hatten. (21)

Den unpersönlichen Nominalstil, zu dem Andersch und Reich-Ranicki greifen, wenn sie uns ihrer Objektivität versichern wollen, verwendet Grass, elegant und pointiert, zu einem sexuellen Scherz.

Das Ende des Kapitels vermischt sexuelle Burleske und scheinbar dokumentarische Präzision:

> *Da ließen sie die Ziegelei links liegen, machten auf den schwarzen Wald zu, in dem Goldkrug lag und dahinter Brentau. Aber vor dem Wald in einer Kuhle lag Bissau-Abbau. Dorthin folgte meiner Großmutter klein und breit Joseph Koljaiczek, der nicht mehr von den Röcken lassen konnte. (22)*

Auffällig in dem ganzen Kapitel ist der mutwillige Umgang mit Proportion: Ein rechtes Maß wird weder architektonisch, noch erzählerisch, noch sprachlich angestrebt. Die beiden entscheidenden Punkte der Handlung (Zeugung und Zusammenbleiben des Paares) sind jeweils in einem kurzen Satz erklärt, während mit scheinbar überflüssigen Details und humoristischen Einfällen acht Seiten gefüllt werden. Menschliche Figuren sind mit knappen Stereotypen bezeichnet, während Ortsangaben, die zum Verständnis der Handlung nichts beitragen, breiten Raum einnehmen. Eine aufwendige, vielschichtig sich gebende Sprache überwuchert die einschichtige, dürftige Handlung. Das alles ist legitim und sehr gut gemacht, auf keinen Fall die Folge von Ungeschicklichkeit: Die Mißverhältnisse sind beabsichtigt und haben einen komischen Effekt.

An dieser Stelle ein paar Worte zum Realismusbegriff, der mit Fragen der Proportion eng verbunden ist. Der Realismus der *Blechtrommel* wurde viel gerühmt, als ergäbe sich Realismus bereits aus nachprüfbaren Ortsbezeichnungen und Straßennamen. Literarischer Realismus ist aber etwas anderes: Er strebt eine möglichst genaue Schilderung menschlicher und gesellschaftlicher Verhältnisse an. Da die Wirklichkeit immer komplexer ist als jede Erzählung, erfordert er eine konzentrierte, zurückhaltende Sprache, die die Aufmerksamkeit des Lesers auf das Geschehen und seine vielfältigen Bedeutungen lenkt. Der Autor der *Blechtrommel* verfährt umgekehrt: er stellt Personen und Geschehen grotesk vereinfacht mit lediglich einer (komischen) Bedeutung dar und feiert seine sprachlichen Einfälle. Nebenbei verharmlost er: Die Gendarmen machen wider Erwarten von ihren Schußwaffen keinen Gebrauch und sind so dumm, daß sie den Flüchtling in Mauselöchern suchen; dieser wiederum triumphiert über sie auch darin, daß er quasi unter ihren Augen seiner Beschützerin einen offenbar lustvollen Geschlechtsverkehr bietet. Um Realismus ist es dem Autor sicher nicht gegangen.

Weitere ironische und komische Effekte

Formal wirkte die Szene durch ihren erbaulichen, scheinbar volkstümlichen Ton legendenhaft. Die Legende war ursprünglich als Heiligenerzählung ein Element des Gottesdienstes. Zur ihr gehören ein typisiertes Personal, ein archaisches Umfeld und ein oder mehrere Wunder. All das findet sich auch bei Grass. Als Wunder dieses Kapitels läßt sich die Rettung des verfolgten Koljaiczek vor der Polizei verstehen. Freilich ist dieses Wunder, ohne das es keinen Oskar gegeben hätte, ein rustikaler Geschlechtsakt, wodurch das Legenden-Modell blasphemisch ironisiert wird.

Zur Legende gehört auch die Wiederholung: Je unwahrscheinlicher ein Ereignis, desto selbstverständlicher muß es immer aufs neue bestätigt werden, damit das zu belehrende Volk es glaubt. Bereits zu Beginn des zweiten Kapitels taucht dieses Stilmittel zum ersten Mal auf.

Jedenfalls sagt meine Trommel: An jenem Oktobernach-mittag des Jahres neunundneunzig, während in Süd-

afrika Ohm Krüger seine buschig englandfeindlichen
Augenbrauen bürstete, wurde zwischen Dirschau und
Karthaus, nahe der Ziegelei Bissau, unter vier gleichfar-
bigen Röcken, unter Qualm, Ängsten, Seufzern, unter
schrägem Regen und leidvoll betonten Vornamen der
Heiligen, unter den einfallslosen Fragen und rauchge-
trübten Blicken zweier Landgendarmen vom kleinen
aber breiten Joseph Koljaiczek meine Mutter Agnes ge-
zeugt. (23)

Mit dieser Rekapitulation zeigt der Autor, daß er auch aus der
längst deutlich ausgekosteten Legende nochmals sprachlich
Funken zu schlagen weiß, bekräftigt das Wunder und gibt
einen weiteren ironischen Hinweis: »Meine Trommel sagt«
verschiebt die Verantwortung für das Erzählte auf eine Blechtrommel, was bedeutet, daß es sich bei der Geschichte ebenso
um ein Kinderspiel wie um ein magisches Geschehen handeln kann.

Die Legendenform wird weiterhin bedient: Das ganze zweite
Kapitel (Titel: »Unterm Floß«) gilt dem Schicksal des kleinen
breiten Koljaiczek, der nach einigen Jahren bei Anna Bronskis
Röcken doch noch von der Polizei gestellt wird und auf der
Flucht der Welt abhanden kommt: Er, der Holzarbeiter, flieht
über die Flöße, die sich im Danziger Holzhafen stauen, springt
von Baumstamm zu Baumstamm und stürzt sich schließlich
ins brackige Wasser, um unter den Polizeibarkassen hindurch-
zutauchen.

Man hat die Leiche meines Großvaters nie gefunden. Ich,
der ich fest daran glaube, daß er unter dem Floß seinen
Tod schaffte, muß mich, um glaubwürdig zu bleiben, hier
dennoch bequemen, all die Versionen wunderbarer Ret-
tungen wiederzugeben. (37)

Er muß die Versionen wunderbarer Rettungen wiedergeben, »um glaubwürdig zu bleiben«: Das ist sozusagen die Ironisierung der Ironie. Im weiteren begegnen wir auch hier deutlicher Fabulierlust. Eine Rettungsversion besagt, Koljaiczek habe irgendwo wieder Luft schnappen können und später im Schutze der Dunkelheit das Gelände der Schichauwerft erreicht, wo ihn griechische Matrosen auf einen schmierigen Tanker schmuggelten. Eine andere, er habe sich gleich Treibholz in die offene See treiben lassen, »wo ihn prompt Fischer aus Bohnsack auffischten und außerhalb der Dreimeilenzone einem schwedischen Hochseekutter übergaben«(38). Die letzte Version beendet das Kapitel:

> *Das alles ist Unsinn und Fischergeschwätz. Auch gebe ich keinen Pfifferling für die Aussagen jener in allen Hafenstädten gleich unglaubwürdigen Augenzeugen, welche meinen Großvater kurz nach dem ersten Weltkrieg in Buffalo USA gesehen haben wollen. Joe Colchic soll er sich genannt haben. Holzhandel mit Kanada gab man als sein Gewerbe an. Aktien bei Streichholzfirmen. Begründer von Feuerversicherungen. Schwerreich und einsam beschrieb man meinen Großvater: in einem Wolkenkratzer hinter riesigem Schreibtisch sitzend, Ringe mit glühenden Steinen an allen Fingern tragend, mit seiner Leibwache exerzierend, die Feuerwehruniform trug, polnisch singen konnte und Phönixgarde hieß. (38f)*

Wieder haben wir ein Feuerwerk an Einfällen und Anspielungen. »Streichholzfirmen«, »Feuerversicherungen«, »glühende« Steine und »Phönixgarde« stehen in komischem Bezug zu Koljaiczeks Brandstifter-Vergangenheit, die Bemerkungen über das »Fischergeschwätz«, auf das der Erzähler »keinen Pfifferling« zu geben behauptet, variieren scheinbar naiv das Glaubwürdigkeitsthema. Effektvoll ist weiterhin, daß gerade bei dieser unwahrscheinlichsten Rettungsversion die Sprache einmal nicht ausufernd burlesk ist, sondern nüchtern, geradezu stichwortartig knapp, bis auf die fröhliche Coda am Schluß.

Wie ist es mit der Substanz? Oskar beschreibt mit Hingabe und Witz, was nicht geschah, aber hätte geschehen können, worauf er sogleich überlegen erklärt, er wisse es besser. Man kann das als inspirierten Trotz gegen die Wirklichkeit lesen, wobei die Wirklichkeit in diesem Fall der Tod einer schlichten, mechanisch agierenden Figur ist, die den Erzähler konkret eher wenig interessiert. Vielleicht geht es gar nicht um Koljaiczek, sondern um eine »Wirklichkeit an sich«, die hier ironisch zurückgewiesen wird?

Drittes Kapitel: Oskar Matzerath

Den Motor für die gigantische Unternehmung lernen wir im dritten Kapitel kennen. Es hat die Überschrift »Falter und Glühbirne« und gipfelt in der Geburt des Romanhelden Oskar Mazerath. Zunächst wurden dessen Familienverhältnisse geschildert – die rundliche, fromme Mutter Agnes, Tochter der auf dem Kartoffelacker geschwängerten Anna, ihr schmächtiger, hübscher Cousin Jan, der wahrscheinlich Oskars Vater ist, und ihr Mann Alfred Matzerath, ein fröhlicher Rheinländer und passionierter Koch, der Agnes erobert, weil er »Gefühle in Suppen zu wandeln verstand« (47). Ort: der Danziger Vorort Langfuhr. Zeit: Ende der zwanziger Jahre, Inflation. Familie Matzerath ernährt sich von einem Kolonialwarenladen und lebt bescheiden, aber kleinbürgerlich zufrieden in einer engen Wohnung neben dem Laden.

Ich erblickte das Licht dieser Welt in Gestalt zweier Sechzig-Watt-Glühbirnen. Noch heute kommt mir deshalb der Bibeltext »Es werde Licht und es ward Licht« wie der gelungenste Werbeslogan der Firma Osram vor. Bis auf

den obligaten Dammriß verlief meine Geburt glatt. Mü-
helos befreite ich mich aus der von Müttern, Embryonen
und Hebammen gleichviel geschätzten Kopflage.

Damit es sogleich gesagt sei: Ich gehörte zu den hell-
hörigen Säuglingen, deren geistige Entwicklung schon
bei der Geburt abgeschlossen ist und sich fortan nur noch
bestätigen muß. So unbeeinflußbar ich als Embryo nur
auf mich gehört und mich im Fruchtwasser spiegelnd ge-
achtet hatte, so kritisch lauschte ich den ersten sponta-
nen Äußerungen der Eltern unter den Glühbirnen. Mein
Ohr war hellwach. Wenn es auch klein, geknickt, ver-
klebt und allenfalls niedlich zu benennen war, bewahrte
es dennoch jede jener für mich fortan so wichtigen, weil
als erste Eindrücke gebotenen Parolen. Noch mehr: Was
ich mit dem Ohr einfing, bewertete ich sogleich mit win-
zigstem Hirn und beschloß, nachdem ich alles Gehörte
genug bedacht hatte, dieses und jenes zu tun, anderes ge-
wiß zu lassen. (52)

In kunstvoller literarischer Sprache stellt sich ein Säugling vor.
Der kleine Oskar weiß bereits im Moment der Geburt alles
über die Welt. Er kann nicht nur sogleich hören und benennen,
sondern auch erwägen, beobachten, entscheiden und Witze
machen. Er ist den Naturgesetzen nicht unterworfen, bedarf
keiner Sozialisation, keiner Entwicklung, keiner Psyche. Er ist
nicht ein »normales« Wunderkind, das sich erwachsene Fertig-
keiten in frühem Alter erwirbt, er hat alles sofort.

Ein Künstler darf erfinden, was er will. Aber was er will, ist
ebensowenig Zufall wie seine Träume und Tagträume: Es entspringt seinen Bedürfnissen. Je unwahrscheinlicher seine Erfindung ist, desto mehr kommen diese Bedürfnisse (Neigungen, Vorurteile, Obsessionen) zum Zug. Welche Bedürfnisse
seines Autors mag der kleine Oskar verkörpern?

»Es werde Licht und es ward Licht«: Oskar kennt bereits Bibel und Osram und kann die hohen Worte sogleich auf das Banale anwenden zu einem ersten Treffer in die Lachmuskeln. Nebenbei fällt ihm hier »der gelungenste« Werbeslogan der Firma Osram ein.

»Mühelos befreite ich mich aus der […] Kopflage«: Er wird nicht geboren, er gebärt sich selbst. Er ist aktiv.

»Bis auf den obligaten Dammriß«: Er reißt die Scheide seiner Mutter ein. Eine andere Bezugnahme auf die Mutter gibt es nicht. Wenn der kleine Oskar den Dammriß auch »obligat« (unvermeidlich) nennt, ist der ihm doch eine Erwähnung wert. Vielleicht genießt er die Assoziation, daß er schon bei seinem Eintritt in die Welt Schaden anrichtet, oder daß er, Scheiden betreffend, groß geraten sei.

»Damit es sogleich gesagt sei: Ich gehörte zu den hellhörigen Säuglingen […]«: Er zählt sich, kokett bescheiden, einer Gattung zu, die es nicht gibt.

»So unbeeinflußbar ich als Embryo nur auf mich gehört und mich im Fruchtwasser spiegelnd geachtet hatte«: Er ist von Anfang an autark, nicht sozialisierungsbedürftig, auf andere nicht angewiesen, auf sich konzentriert, sich genügend.

»[…] und beschloß, nachdem ich alles Gehörte genug bedacht hatte, dieses und jenes zu tun, anderes gewiß zu lassen«: Er ist an Verstand, Urteil und Willenskraft seinen Eltern sofort überlegen.

Oskar spricht sich übermenschliche Attribute zu. All seine Eigenschaften haben mit Macht zu tun. Er kennt weder Bedürftigkeit noch Schwäche. Seine Haltung zu Umwelt und Mitmenschen ist kritisch, ironisch, entwertend. Seine Verachtung der Umwelt, die wir bereits im Anfangskapitel kennengelernt haben, ist nicht durch Erfahrungen begründet, sondern angeboren.

Es ist eine Größenphantasie mit deutlich pubertären Akzenten, dabei mit Witz präsentiert und natürlich, nach der durchgehend ironischen Introduktion, ironisch gemeint. Die Ironie distanziert scheinbar den Autor von seiner Erfindung und erlaubt ihm gleichzeitig, sich ihr vergnügt hinzugeben.

> »Ein Junge«, sagte jener Herr Matzerath, der in sich mei-
> nen Vater vermutete. »Er wird später einmal das Ge-
> schäft übernehmen. Jetzt wissen wir endlich, wofür wir
> uns so abarbeiten.«
>
> Mama dachte weniger ans Geschäft, mehr an die Aus-
> stattung ihres Sohnes: »Na, wußt' ich doch, daß es ein
> Jungchen ist, auch wenn ich manchmal jesagt hab', es
> wird ne Marjell.«
>
> So machte ich verfrühte Bekanntschaft mit weiblicher
> Logik und hörte mir hinterher an: »Wenn der kleine Os-
> kar drei Jahre alt ist, soll er eine Blechtrommel bekom-
> men.« (52)

Diese Oskars Weltbild sogleich bestätigende Szene leitet zu einem der virtuos assoziativen Prosa-Exkurse über, für die der Autor Grass berühmt geworden ist:

> Längere Zeit mütterliches und väterliches Versprechen
> gegeneinander abwägend, beobachtete und belauschte
> ich, Oskar, einen Nachtfalter, der sich ins Zimmer verflo-
> gen hatte. Mittelgroß und haarig umwarb er die beiden
> Sechzig-Watt-Glühbirnen, warf Schatten, die in über-
> triebenem Verhältnis zur Spannweite seiner Flügel den
> Raum samt Inventar mit zuckender Bewegung deckten,
> füllten, erweiterten. Mir blieb jedoch weniger das Licht-
> und Schattenspiel, als vielmehr jenes Geräusch, welches
> zwischen Falter und Glühbirne laut wurde: Der Falter
> schnatterte, als hätte er es eilig, sein Wissen loszuwer-
> den, als käme ihm nicht mehr Zeit zu für spätere Plau-
> derstunden mit Lichtquellen, als wäre das Zwiegespräch
> zwischen Falter und Glühbirne in jedem Fall des Falters

letzte Beichte und nach jener Art von Absolution, die Glühbirnen austeilen, keine Gelegenheit mehr für Sünde und Schwärmerei.

Heute sagt Oskar schlicht: Der Falter trommelte. Ich habe Kaninchen, Füchse und Siebenschläfer trommeln hören. Frösche können ein Unwetter zusammentrommeln. Dem Specht sagt man nach, daß er Würmer aus ihren Gehäusen trommelt. Schließlich schlägt der Mensch auf Pauken, Becken, Kessel und Trommeln. Er spricht von Trommelrevolvern, vom Trommelfeuer, man trommelt jemanden heraus, man trommelt zusammen, man trommelt ins Grab. Das tun Trommelknaben, Trommelbuben. Es gibt Komponisten, die schreiben Konzerte für Streicher und Schlagzeug. Ich darf an den Großen und Kleinen Zapfenstreich erinnern, auch auf Oskars bisherige Versuche hinweisen; all das ist nichts gegen die Trommelorgie, die der Nachtfalter anläßlich meiner Geburt auf zwei simplen Sechzig-Watt-Glühbirnen veranstaltete. Vielleicht gibt es Neger im dunkelsten Afrika, auch solche in Amerika, die Afrika noch nicht vergessen haben, vielleicht mag es diesen rhythmisch organisierten Leuten gegeben sein, gleich oder ähnlich meinem Falter oder afrikanische Falter imitierend – die ja bekanntlich noch größer und prächtiger als die Falter Osteuropas sind – zuchtvoll und entfesselt zugleich zu trommeln; ich halte meine osteuropäischen Maßstäbe, halte mich also an jenen mittelgroßen, bräunlich gepuderten Nachtfalter meiner Geburtsstunde, nenne ihn Oskars Meister. (52f)

Ein sinnlich-rhythmischer Wortwirbel, ein assoziativer Nonsens-Essay zu den Themen Licht und Schatten, Natur, Vergänglichkeit, Musik, Geographie, Biologie: glänzend formuliert, mit Welt- und Wortassoziationen angereichert, dabei witzige Aperçus, Mutmaßung und Lügen elegant mischend. Man kann ihn als lyrischen Erguß zum Thema Trommel und

Tod lesen: Der Falter trommelt sterbend, der Specht trommelt Würmer aus ihren Gehäusen, von Trommelrevolvern und Trommelfeuern ist die Rede, man trommelt ins Grab. »Das tun Trommelknaben, Trommelbuben.« Eine Berufung Oskars als Todestrommler könnte hier anklingen, bricht aber ab. Konkreter führt der Monolog in Oskars Leben das Element der Kunst ein. Er endet in der philosophischen Pointe, daß der künftige Zaubertrommler Oskar, sich an seine »osteuropäischen Maßstäbe« haltend, nur in einem »mittelgroßen, bräunlich gepuderten Nachtfalter« seinen Meister sehe. Der durchschnittliche haarige Stubenfalter triumphiert über die trommelnd sich aufspielende Welt und erregt des kleinen Oskar Genie. Die Passage ist eine Demonstration rauschhafter Täuschungsprosa.

Übergangslos folgt ein weiterer, ebenso unbefangen ironisch-narzißtischer Exkurs, der das rhetorische Arsenal um das Element der Parodie erweitert:

Es war in den ersten Septembertagen. Die Sonne stand im Zeichen der Jungfrau. Von fernher schob ein spätsommerliches Gewitter, Kisten und Schränke verrückend, durch die Nacht. Merkur machte mich kritisch, Uranus einfallsreich, Venus ließ mich ans kleine Glück, Mars an meinen Ehrgeiz glauben. Im Haus des Aszendenten stieg die Waage auf, was mich empfindlich stimmte und zu Übertreibungen verführte. Neptun bezog das zehnte, das Haus der Lebensmitte und verankerte mich zwischen Wunder und Täuschung. Saturn war es, der im dritten Haus in Opposition zu Jupiter mein Herkommen in Frage stellte. Wer aber schickte den Falter und erlaubte ihm und dem oberlehrerhaften Gepolter eines spätsommerlichen Donnerwetters, in mir die Lust zur mütterlicherseits versprochenen Blechtrommel zu steigern, mir das Instrument immer handlicher und begehrlicher zu machen? (54)

Parodiert wird der Anfang von Goethes »Dichtung und Wahrheit«[41]. Die pompöse Ouvertüre einer staatstragend sich gebenden Autobiographie als Urbild für den Beginn der Gaunersaga vom kleinen Oskar aus Langfuhr: Das ist ein schön respektloser Einfall, den Oskar zu fröhlicher Selbstdarstellung nutzt, während er nebenbei einen weiteren Beweis seiner sprachlichen Vielseitigkeit liefert. Der Stil ist hier nicht dynamisch perkussiv, sondern heiter und anmutig. Das Ganze wird nicht nur durch die parodistische Unverhältnismäßigkeit, sondern auch (noch mal) durch den Nachtfalter ironisiert, der, bedeutsamer als alle Gestirne, die Bestimmung des kleinen Oskar zum Trommler befördert.

Solchermaßen in die Welt eingeführt, »empfindlich«, »zu Übertreibungen« neigend, »zwischen Wunder und Täuschung verankert«, fällt Oskar seine erste Entscheidung:

> Äußerlich schreiend und einen Säugling blaurot vortäuschend, kam ich zu dem Entschluß, meines Vaters Vorschlag, also alles, was das Kolonialwarengeschäft betraf, schlankweg abzulehnen, den Wunsch meiner Mama jedoch zu gegebener Zeit, also anläßlich meines dritten Geburtstages, wohlwollend zu prüfen.
>
> Neben all diesen Spekulationen, meine Zukunft betreffend, bestätigte ich mir: Mama und jener Vater Matzerath hatten nicht das Organ, meine Einwände und Entschlüsse zu verstehen und gegebenenfalls zu respektieren. Einsam und unverstanden lag Oskar unter den Glühbirnen, folgerte, daß das so bleibe, bis sechzig, siebenzig Jahre später ein endgültiger Kurzschluß aller Lichtquellen Strom unterbreche, verlor deshalb die Lust, bevor dieses Leben unter den Glühbirnen anfing; und nur die in Aussicht gestellte Blechtrommel hinderte mich damals, dem Wunsch nach Rückkehr in meine embryonale Kopflage stärkeren Ausdruck zu geben. (54f)

Ein überraschender Anfall von Weltschmerz: Die Welt ist für Oskar da, aber sie versagt. Oskar beklagt auf einmal seine Einsamkeit und Unverstandenheit, »folgert[e], daß das so bleibe« (warum eigentlich?) und würde deshalb die Welt, die ihn so aufmerksam empfangen hat, am liebsten gleich wieder verlassen. Ist diese Einlage Koketterie, oder soll sie die lakonische Pointe vorbereiten, die das opulente Kapitel beschließt?

> *Zudem hatte die Hebamme mich schon abgenabelt; es war nichts mehr zu machen.* (55)

Zwischenbilanz

Inzwischen hat der Leser die Hauptmerkmale des Buches kennengelernt: den temperamentvollen, pompös-subversiven Grass-Ton, dessen Sinnlichkeit, die syntaktische und rhythmische Beweglichkeit, den ironischen Einfallsreichtum. Er hat das Milieu erfaßt, in dem die Geschichte spielt, und ihr holzschnittartiges Personal. Insbesondere hat er im infantilen Übermenschen Oskar den Treibsatz kennengelernt, der den Roman befeuert. Wie läßt sich von diesen Komponenten auf die Deutung des Autors schließen?

Auffälligste stilistische Merkmale sind auf den ersten Blick die ausladenden, rhythmisch prunkenden Exkurse und die Dauerironie. Auffälligstes inhaltliches Merkmal ist die Erfindung des monströsen Oskar.

Auf den zweiten Blick fällt auf, daß alle drei Elemente, so extensiv und großartig sie angelegt sind, ins Leere laufen.

Die Soli enden bei allen kühnen Ellipsen in einer Art Rücknahme: Der poetologische Exkurs in der Nonsens-Pointe über das Oskar-Bruno-Heldenkollektiv, der Trommel-Exkurs bei einem Nachtfalter, die Goethe-Parodie bei einer Blechtrommel. All diese Pointen sind natürlich ironisch, also bewußt eingesetzt. Wozu? Gezeigt wurde jeweils ein großer Gestus, der in sich zusammenfällt. Dieses kompositorische Element erstreckt sich auch auf den Stoff: Der grandiose kleine Oskar weiß zwar von der ersten Sekunde seines Lebens an alles und ist unbeeinflußbar, unterwirft dann aber seine Lebensentscheidung der Routine einer Hebamme.

Die Dauerironie hebt sich selber auf. Ironie (griechisch *eironeia*) heißt Verstellung: Etwas wird mehr oder weniger demonstrativ anders gesagt, als es gemeint ist. Traditionell dient dieses rhetorische Mittel der komischen Entwertung eines Gegenstandes unter dem Anschein der Billigung oder des Lobes. Der »uneigentliche« ironische Ton steht für Raffinement und vermittelt den Eindruck geistiger Überlegenheit. Hier aber wird zum einen ein anspruchsloses Personal ironisiert, dessen Entwertung keiner geistigen Überlegenheit bedarf, zum anderen in der Figur Oskars eine phantastische Erfindung, deren Irrealität ohnehin klar ist. Warum muß so deutlich betont werden, daß diese Erfindung ein Spaß ist? Durch welche Erkenntnis ist der überlegene Gestus gedeckt? Welche Rolle spielt eine Ironie, die sich in der Aussage erschöpft, daß man sich selbst nicht ernst nehme? Bisher hat die *Blechtrommel*-Ironie hauptsächlich den Zweck erfüllt, ihren Autor unangreifbar zu machen.

Die Erfindung des grandiosen Oskar nun ist der Coup des Romans. Phantastische Figuren finden sich vor allem in der archaischen (Götter-, Heldensagen) und der mystischen Literatur. Sie tauchen selten isoliert auf, sondern meist als Exponenten einer Gegenwelt, von der aus die normalen menschlichen Verstrickungen auf außergewöhnliche Weise beleuchtet werden, wobei interessanterweise sowohl Tragik als auch Komik der Menschenebene auf die Götterebene übergreifen. Manchmal sind die phantastischen Elemente durch Traum und Rausch begründet wie bei E. T. A. Hoffmann und E. A. Poe, wobei ebenfalls eine Symmetrie besteht: nicht nur die Grandiosität, sondern auch ihr Gegenpol, Zerstörung und Entsetzen, werden im Phantastischen überhöht. Eine schlichte einseitige Größenphantasie, die sich vor allem durch die Überlegenheit der Zentralfigur über ihre Umwelt auszeichnet, findet sich sonst nur in der Trivial- und Jugendliteratur (*Old Shatterhand, Harry Potter*). Grass nun hat es gewagt, eine solch grandiose Figur in einem scheinbar realistischen Roman einzusetzen, um sie auf nichts Geringeres als das »Tausendjährige Reich« loszulassen. Aber auch die Kühnheit dieser Erfindung wurde schon im Ansatz zurückgenommen: Der grandiose Oskar wird nicht etwa Verantwortung übernehmen, und sei es auch nur über einen Kolonialwarenladen, sondern sogleich in den Mutterbauch zurückstreben, seine Träume auf eine Kindertrommel konzentrieren und sich mit Verstellung tarnen.

Wir erkennen bisher also lauter ungewöhnlich starke und brillant ausgeführte, expansive Elemente, die sich in überraschender Weise selbst genügen. Der Gestus ist großspurig, scheinbar unbekümmert, der deutende Zugriff auf die Welt aber auffällig bescheiden. Es werden nur kleine, unkomplizierte Ausschnitte der Realität präsentiert; die Hauptenergie des Autors schießt ins Ornamentale. Stil wie Erfindung sind im Verhältnis zum Stoff überproportioniert. Der Ton verpufft effektvoll zwischen Bravour und Koketterie. Wo liegt der Schwerpunkt der Deutung? Weder ist ein unabhängig vom Betrachter existierendes Weltmodell entstanden, noch wurde deutlich, wie der Betrachter zu seinem imaginierten, also von ihm abhängigen, Modell steht. Seine einzige Deutung beschränkte sich auf eine vordergründige, oft entwertende Komik.

Diese Komik ist bisher der einzige deutungsrelevante Anhaltspunkt. Komik vergrößert, nach einem Wort von Friedrich Dürrenmatt, die Distanz zum Gegenstand, ist also ein Mittel, diesem Gegenstand die Nähe und somit Bedrohlichkeit zu nehmen. Grass' Komik gilt vor allem der Beschränktheit seiner Figuren. Man kann annehmen, daß das symptomatische Bedeutung hat.

Von unserer persönlichen Bewertung all dieser Komponenten wird in den meisten Fällen abhängen, ob wir weiterlesen oder nicht. Wer Sprachmacht, ästhetisches Vermögen und elementare Musikalität unabhängig vom Inhalt genießen kann, wird ebenso auf seine Kosten kommen wie der Liebhaber der Grandiosität. Wer in der Literatur verbindliche, differenzierte Welt-Deutung sucht, hat Grund, verunsichert zu sein.

Ich habe hier einige sprachliche und formale Charakteristika von Grass' Deutung festgestellt und möchte im Folgenden an Stichproben untersuchen, ob sich die Diagnose in Erfindung und Durchführung bestätigen wird, welche Grunderfahrung die Deutung möglicherweise bestimmt und wie ihre enorme Wirkung zu erklären ist.

Vorher aber ein paar grundsätzliche Bemerkungen zur Größenphantasie, da sie fundamental mit unserer Welt- und Selbstdeutung, also dem Erzählen überhaupt zu tun hat, weit über *Die Blechtrommel* hinaus.

Die Größenphantasie – kurzer psychologischer Exkurs

Die Größen- oder Grandiositätsphantasie ist eine Wunschvorstellung, die der Mensch von sich entwirft, um sein erschüttertes Selbstgefühl zu stützen. Sie gehört zu unserer psychischen Grundausstattung. Im Normalfall stellt sie, gewissermaßen als Leitfigur unserer Tagträume, unser im Alltag strapaziertes seelisches Gleichgewicht wieder her, wobei wir uns über den Illusionscharakter dieser Träume im klaren sind: Wir nehmen uns dafür eine Art Auszeit und lesen etwa *Harry Potter*. Im unglücklichen Fall geht die Distanz zum grandiosen Ich verloren, was Realitätsverlust und böse Abstürze bedeuten kann. Im pathologischen Fall schließlich identifiziert sich das Individuum mit dem grandiosen Ich; das führt zum bekannten Größenwahn. Natürlich finden sich alle denkbaren Zwischenformen. Sein Größenselbst bewußt als Phantasie wahrzunehmen und somit zu neutralisieren ist wohl eine entscheidende binnenzivilisatorische Aufgabe des Individuums.

Da das Selbstbild eines Menschen all seine Erzählungen bestimmt, spielt auch sein Größenselbst in sie hinein, je dominanter es ist, desto mehr. Ein Mensch, der gern stark wäre, wird Niederlagen ungern zugeben; das ist normal. Einer aber, der sich für unbesiegbar hält, wird sie abstreiten oder verdrängen müssen. Jeder nimmt seine Umwelt im Verhältnis zu seinem Selbstbild wahr: Verzerrt er sein Selbstbild zu seinen Gunsten, muß er spiegelbildlich seine Umwelt zu ihren Ungunsten verzerren. Wer übergroß sein will, muß andere klein machen. Je überlegener er sich inszeniert, desto unterlegener müssen jene sein. Wer sich als moralischer Übermensch sieht, muß von moralischen Untermenschen umgeben sein, will er sich seine Konflikte erklären. Je schwächer einer sich fühlt, desto großartiger wird er sich phantasieren, so wie wohl der Hungrigste am heftigsten vom Essen träumt.

Grass' Oskar repräsentiert nicht nur ein dominantes, sondern ein hypertrophes Größenselbst: Er ist nicht mal biologischen Gesetzen unterworfen. Faszinierenderweise gilt nun das Verhältnis Selbstbild/Umwelt, von dem ich im letzten Absatz sprach, auch für die künstlerische Erfindung: Ebenso wie der überlege Held eine unterlegene Umwelt benötigt, braucht der phantastisch überlegene Oskar eine phantastisch unterlegene Umwelt, um zu funktionieren. Die literarische Größenphantasie macht also nicht freier als die realistische Erfindung, sie macht im Gegenteil sogar unfrei. Gerade die Größenlust ist besonders dringlich determiniert und bedarf zu ihrer Erfüllung einer besonders starken Verzerrung der Realität.

Was kann das bringen? Sehen wir uns die Folgen genauer an.

Oskars Matzeraths Entwicklung

Wenn Oskar »zu den hellhörigen Säuglingen [gehört], deren geistige Entwicklung schon bei der Geburt abgeschlossen ist und sich fortan nur noch bestätigen muß« (52), bedeutet das, daß seine virtuelle Existenz nur in der fortgesetzten Bestätigung seiner Überlegenheit bestehen kann. Dem Autor bedeutet Überlegenheit anscheinend viel. Das wäre legitim. Aber es hat Konsequenzen, denn wenn die Zentralfigur sich nicht entwickelt, droht Langeweile. Die fehlende innere Bewegung muß also durch mechanische Veränderungen und Umbauten ausgeglichen werden. Wie geht es mit Oskar weiter?

Zunächst erleben wir eine Überraschung: Oskar will bei aller Grandiosität nicht groß werden. Daher inszeniert der Dreijährige einen Treppensturz, der seine Wachstumsblockade zu begründen scheint. Oskar hält es für besser, den Sinn dieses Manövers seinen Eltern zu verheimlichen. Fortan werden die Erwachsenen Oskar noch mehr unterschätzen. Sie werden ihn seiner äußeren Erscheinung nach als Kleinkind behandeln und sich ihm gegenüber zusätzliche Blößen geben. Aus der Täuschung und Bloßstellung der Erwachsenen wird Oskar im wesentlichen seinen Lustgewinn beziehen.

Weiterer Umbau: Oskar gewinnt übernatürliche Talente. Er kann mit seiner Kinderblechtrommel Menschen bezaubern und mit seiner schrillen Stimme Glas zersingen. Er wird mit diesen Talenten sowie mit seiner Fähigkeit zur Verstellung Langfuhr aufmischen: Die scheinbare Schwächung hat sich in zusätzliche Stärke verwandelt. Sie erlaubt Oskar, eine Nazi-Parade zu sabotieren, eine kriminelle Jugendbande zu führen und seine beiden Väter zu Tode zu bringen. Er wird aber nie zur Rechenschaft gezogen werden, da er immer im entscheidenden Augenblick den harmlosen Dreijährigen mimt. Erst nach dem Zusammenbruch des »Dritten Reichs« wird er dreißig Zentimeter zulegen und einen Buckel bekommen. Er wird im Wirtschaftswunderwesten leben, als Zaubertrommler immer größere Auditorien hypnotisieren und Hunderte Zuschauer in hosennässende Regression versetzen, bis er sich entschließt, in die Heil- und Pflegeanstalt einzufahren. Am Ende des Romans ist er dreißig und überlegt, wie es weitergehen soll; er prüft verschiedene Optionen, unter anderem traut er sich zu, Schriftsteller zu werden.

Wenn Oskars Karriere in der Bestätigung seiner Überlegenheit besteht, muß entsprechend die Unterlegenheit seiner Umwelt bestätigt werden. Oskars infantiler Triumphzug führt also über einen Haufen halbschlauer Figuren.

Wir lernen kennen: Oskars Kernfamilie, Verwandte, mehr oder weniger spießige und schrullige Nachbarn und Kinder, Nazis, einen jüdischen Spielwarenhändler, polnische Postbeamte, kleinwüchsige Zirkusartisten u.v.m. Sie haben treffend erfundene Namen und stereotype Verhaltensweisen. Als Figuren prägen sie sich ein. Vater Matzerath kann gut kochen und ist beschränkt. Jan Bronski, der Liebhaber der Mutter, ist blauäugig, hübsch und feige. Keine dieser Figuren macht eine Entwicklung durch. Sie alle bleiben statisch.

Daneben gibt es weibliche Figuren. Oskars Mutter etwa arbeitet fleißig im Kolonialwarenladen, paart sich jeden Donnerstag mit ihrem Liebhaber Jan in einem Stundenhotel und geht ebenso regelmäßig beichten. Oskars Großmutter gewährt dem Enkel wie schon dem Großvater Unterschlupf unter ihren Röcken. Da Frauen Oskars einzige Schwäche sind, werden sie besonders hingebungsvoll beschrieben. Anbei fünf Beispiele.

Das erste: Oskar, wegen Glaszersingens der Schule verwiesen, bekommt Leseunterricht von einer Nachbarin und übt das Vorlesen unter anderem an einem Buch über Rasputin und die Frauen.

Schlimm wurde es, wenn Mama in den Kleinhammerweg mitkam und in der Wohnung über der Bäckerei meinem Unterricht beiwohnte. Das artete manchmal zur Orgie aus, das wurde Selbstzweck und kein Unterricht für Klein-Oskar mehr, das gab bei jedem dritten Satz zweistimmiges Gekicher, das ließ die Lippen trocken und rissig werden, das rückte die beiden verheirateten Frauen, wenn Rasputin es nur wollte, immer näher zu-

sammen, das machte sie unruhig auf Sofakissen, das
brachte sie auf den Gedanken, die Schenkel zusammen-
zupressen, da wurde aus anfänglichem Gekalber schluß-
endliches Seufzen, da hatte man nach zwölf Seiten Ras-
putinlektüre, was man vielleicht gar nicht gewollt,
kaum erwartet hatte, aber am hellen Nachmittag gerne
mitnahm, wogegen Rasputin sicher nichts einzuwenden
gehabt hätte, was er vielmehr gratis und bis in alle Ewig-
keit austeilen wird. (114)

Zweites Beispiel: Oskar schlüpft gern unter die Röcke seiner
Großmutter.

Mit meiner Trommel über die Dielen rutschend, ein Bein
unterschlagend, das andere gegen die Möbel stemmend,
schob ich mich in Richtung des großmütterlichen Berges,
hob, am Fuße angelangt, mit den Trommelstöcken die
vierfache Hülle, war schon darunter, ließ den Vorhang
viermal und gleichzeitig fallen, blieb ein Minütchen lang
still und ergab mich ganz, mit allen Poren atmend, dem
strengen Geruch leichtranziger Butter, der immer und
durch keine Saison beeinflußt unter jenen vier Röcken
vorherrschte. Erst dann begann Oskar zu trommeln.
Wußte er doch, was seine Großmutter gerne hörte, und
so trommelte ich oktoberliche Regengeräusche, ähnlich
jenen, die sie damals hinter dem Kartoffelkräuterfeuer
gehört haben muß, als ihr der Koljaiczek mit dem Geruch
eines heftig verfolgten Brandstifters unterlief. Einen fei-
nen schrägen Regen ließ ich aufs Blech fallen, bis über
mir Seufzer und heilige Namen laut wurden, und es
bleibt Ihnen überlassen, hier jene Seufzer und heiligen
Vornamen wiederzuerkennen, die damals im Jahre neun-
undneunzig laut wurden, als meine Großmutter im Re-
gen saß und der Koljaiczek im Trockenen. (276f)

Drittes Beispiel: Später, nach ersten Liebesübungen mit seiner künftigen Stiefmutter Maria, hält sich Oskar an die ältliche Nachbarin Lina Greff. Dort läuft der kleingebliebene Siebzehnjährige bereits zu großer Form auf:

> *es gelang mir wortwörtlich im Greffschen Schlamm Schaum zu schlagen […].*
>
> *[…] Wenn mir Maria im naiv betörenden Vanillenebel die kleine Form nahelegte, mich mit Lyrismen wie Brausepulver und Pilzsuche vertraut machte, kam ich im streng säuerlichen, vielfach gewobenen Dunstkreis der Greffschen zu jenem breit epischen Atem, der mir heute erlaubt, Fronterfolge und Betterfolge in einem Satz zu nennen. Musik! Von Marias kindlich sentimentaler und dennoch so süßer Mundharmonika direkt aufs Dirigentenpult; denn Lina Greff bot mir ein Orchester, so breit und tief gestaffelt, wie man es allenfalls in Bayreuth oder Salzburg finden kann. Da lernte ich das Blasen, Klimpern, Pusten, Zupfen, Streichen, ob Generalbaß oder Kontrapunkt, ob es sich um Zwölftöner, Neutöner handelte, der Einsatz beim Scherzo, das Tempo beim Andante, mein Pathos war streng trocken und weich flutend zugleich; Oskar holte das Letzte aus der Greffschen heraus und blieb dennoch unzufrieden, wenn nicht unbefriedigt, wie es sich für einen echten Künstler gehört. (399f)*

Der kleine Oskar verfügt über magische Manneskraft: Indem er aus einem Rasputin-Buch vorliest oder unter Röcken leise trommelt, kann er Frauen bis zum Orgasmus erregen. Die Frau Greff beherrscht der körperlich Dreijährige sexuell nach Belieben, wobei er mehr aus dieser Beherrschung als aus eigner Erfüllung seine Lust zu ziehen scheint. Zur triumphierenden Größenphantasie gehört auch die sexuelle Macht.[42]

Eine weitere Determination der Grandiosität: So, wie der

schlaue Oskar von Dummköpfen umgeben sein muß, trifft der potente Oskar auf dauerhaft geschlechtslustige Frauen. Nicht nur Oskar kommt leicht zum Ziel.

Viertes Beispiel: Oskars Mutter hat sich über ihren Gatten geärgert, flüchtet ins Schlafzimmer und wirft sich weinend aufs Bett. Liebhaber Jan kommt herein, um sie zu trösten. Oskar, im Schrank versteckt, wird Zeuge folgender Szene:

> *[Jan] setzte sich vorsichtig auf die Bettkante, streichelte der auf dem Bauch liegenden Mama Rücken und Gesäß, sprach beschwichtigend kaschubisch auf sie ein und fuhr ihr schließlich – weil Worte nicht mehr halfen – mit der Hand unter den Rock, bis sie aufhörte zu wimmern [...]. Man muß das gesehen haben, wie Jan nach getaner Arbeit aufstand, sich die Finger mit einem Taschentuch betupfte, dann Mama laut und nicht mehr kaschubisch, damit es Matzerath im Wohnzimmer oder in der Küche verstehen konnte, Wort für Wort betonend aussprach: »Nu komm, Agnes, wir wolln das jetzt endlich vergessen [...]« (202)*

Fünftes Beispiel: Nachkriegszeit, Düsseldorf, Maleratelier.

> *Anders verhielt es sich mit dem Maler Raskolnikoff, der mit Ulla, ohne ihr nahe zu treten, intimsten Umgang pflegte. So ließ er sie auf der Drehscheibe mit weitgeöffneten Beinen posieren, malte jedoch nicht, sondern nahm einige Schrittchen entfernt auf einem Schemel ihrer Scham gegenüber Platz, starrte, von Schuld und Sühne eindringlich flüsternd, in diese Richtung, bis die Scham der Muse feucht wurde, sich öffnete und auch Raskolnikoff durch bloßes Reden und Hinsehen zum befreienden Ergebnis kam, aufsprang vom Schemel und der Madonna 49 auf der Staffelei mit grandiosen Pinselhieben zusetzte. (530)*

Pornographie? Im landläufigen Sinn sicher nicht, dafür ist es weder platt noch monoton genug. Sprachlich sind es Kabinettstücke: Einschlägige Vokabeln und vulgäre Ausdrücke fehlen fast völlig, trotzdem ist die Darstellung unmißverständlich. In ihrer artistischen Schlüpfrigkeit erregten diese Passagen 1959 die Gemüter so sehr, daß dem Autor der Bremer Literaturpreis vorenthalten wurde – Stadträte weigerten sich, die Entscheidung der Jury zu bestätigen.

Auffällig ist, jenseits des Pornographie-Diskussion, die Betonung der körperlichen Aktion sowie der Verzicht aufs Individuelle. Die Frauen unterscheiden sich kaum voneinander. Ihre Sexualität funktioniert mechanisch, seelische Bewegung fehlt. Alle natürlichen und gesellschaftlichen Verwicklungen, alles Lügnerische, Selbstsüchtige und Tragische des Geschlechtslebens wird ausgespart. In seiner Deutung des Geschlechtlichen neigt der Autor zu Verharmlosung. Sogar eine Serienvergewaltigung durch russische Soldaten macht der Frau Spaß:

> *Die Greffsche, die solch zügigen Andrang nach so langer Witwenschaft und vorhergehender Fastenzeit kaum erwartet hatte, schrie anfangs noch vor Überraschung, fand sich dann aber schnell in jene ihr fast in Vergessenheit geratene Lage. (516)*

> *Auch ging uns die Greffsche [...] diesmal nicht zur Hand, denn die hatte die Wohnung voller Russen; man hörte sie singen. (524)*

Triumph und Allmacht

Oskar hat noch andere magische Fähigkeiten. Mit seiner Blechtrommelei vermag er Menschen zu hypnotisieren. Mit seiner Stimme zersingt er Glas.

Berühmt wurde das Kapitel, in dem Oskar, unter einer Tribüne versteckt, eine Nazi-Kundgebung sabotiert, indem er mit seiner Kindertrommel die Marschkapelle vom Rhythmus abbringt.

Unter dem Rednerpult hockte ich. Links und rechts von mir und über mir standen breitbeinig, und wie ich wußte, mit verkniffenem, vom Sonnenlicht geblendeten Augen die jüngeren Trommler des Jungvolks und die älteren der Hitlerjugend. Und dann die Menge. Ich roch sie durch die Ritzen der Tribünenverschalung. Das stand und berührte sich mit Ellenbogen und Sonntagskleidung, das war zu Fuß gekommen oder mit der Straßenbahn, das hatte zum Teil die Frühmesse besucht und war dort nicht zufriedengestellt worden, das war gekommen, um seiner Braut am Arm etwas zu bieten, das wollte mit dabei sein, wenn Geschichte gemacht wird, und wenn auch der Vormittag dabei draufging.

Nein, sprach sich Oskar zu, sie sollen den Weg nicht umsonst gemacht haben. Und er legte ein Auge an ein Astloch in der Verschalung, bemerkte die Unruhe von der Hindenburgallee her. Sie kamen! Kommandos wurden über ihm laut, der Führer des Spielmannszugs fuchtelte mit seinem Tambourstab, die hauchten ihre Fanfaren an, die paßten sich das Mundstück auf, und schon stießen sie in übelster Landsknechtsmanier in ihr sidolgeputztes Blech, daß es Oskar weh tat […].

Die Trommel lag mir schon maßgerecht. Himmlisch locker ließ ich die Knüppel in meinen Händen spielen und legte mit Zärtlichkeit in den Handgelenken einen kunstreichen, heiteren Walzertakt auf mein Blech, den ich immer eindringlicher, Wien und die Donau beschwörend, laut werden ließ, bis oben die erste und zweite Landsknechttrommel an meinem Walzer Gefallen fand, auch Flachtrommeln der älteren Burschen mehr oder weniger geschickt mein Vorspiel aufnahmen. Dazwi-

schen gab es zwar Unerbittliche, die kein Gehör hatten, die weiterhin Bumbum machten, und Bumbumbum, während ich doch den Dreivierteltakt meinte, der so beliebt ist beim Volk. Schon wollte Oskar verzweifeln, da ging den Fanfaren ein Lichtchen auf, und die Querpfeifen, oh Donau, pfiffen so blau. Nur der Fanfarenzugführer und auch der Spielmannszugführer, die glaubten nicht an den Walzerkönig und schrien ihre lästigen Kommandos, aber ich hatte die abgesetzt, das war jetzt meine Musik. Und das Volk dankte es mir. Lacher wurden laut vor der Tribüne, da sangen schon welche mit, oh Donau, und über den ganzen Platz, so blau, bis zur Hindenburgallee, so blau und zum Steffenspark, so blau, hüpfte mein Rhythmus, verstärkt durch das über mir vollaufgedrehte Mikrophon. Und als ich durch mein Astloch hindurch ins Freie spähte, doch dabei fleißig weitertrommelte, bemerkte ich, daß das Volk an meinem Walzer Spaß fand, aufgeregt hüpfte, es in den Beinen hatte: schon neun Pärchen und noch ein Pärchen tanzten, wurden vom Walzerkönig gekuppelt. Nur dem Löbsack, der mit Kreisleitern und Sturmbannführern, mit Forster, Greiser und Rauschning, mit einem langen braunen Führungsstabschwanz mitten in der Menge kochte, vor dem sich die Gasse zur Tribüne schließen wollte, lag erstaunlicherweise der Walzertakt nicht. Der war gewohnt, mit gradliniger Marschmusik zur Tribüne geschleust zu werden. Dem nahmen nun diese leichtlebigen Klänge den Glauben ans Volk. Durchs Astloch sah ich seine Leiden. Es zog durch das Loch. Wenn ich mir auch fast das Auge entzündete, tat er mir dennoch leid, und ich wechselte in einen Charleston, »Jimmy the Tiger« […].

Es war […] nichts mehr zu retten. Das Volk tanzte sich von der Maiwiese, bis die zwar arg zertreten, aber immerhin grün und leer war. Es verlor sich das Volk mit »Jimmy the Tiger« in den weiten Anlagen des angren-

zenden Steffensparkes. Dort bot sich Dschungel, den Jimmy versprochen hatte, Tiger gingen auf Sammetpföt-chen, ersatzweise Urwald fürs Volk, das eben noch auf der Wiese drängte. Gesetz ging flöten und Ordnungs-sinn. [...]

Dann bleibt noch zu sagen, daß Oskar das Innere der Tribüne nicht sogleich verlassen konnte, da Abordnun-gen der SA und SS über eine Stunde lang mit Stiefeln gegen Bretter knallten, sich Ecklöcher ins braune und schwarze Zeug rissen, etwas im Tribünengehäuse zu suchen schienen: einen Sozi womöglich oder einen Stör-trupp der Kommune. Ohne die Finten und Täuschungs-manöver Oskars aufzählen zu wollen, sei hier kurz fest-gestellt: Sie fanden Oskar nicht, weil sie Oskar nicht gewachsen waren. (S. 151ff)

Vordergründig kann man die Szene als Provokation durch Fröhlichkeit lesen, als unbeschwert humorvolle Herausforde-rung einer tumben Staatsmacht. Ich halte das aber für eine Ne-benbedeutung, denn als die Szene geschrieben wurde, exi-stierte die gemeinte Staatsmacht nicht mehr. Die Fröhlichkeit ist das Ergebnis einer bewußt aggressiven und höhnischen In-szenierung. Allmachtsphantasie auch hier: Oskar unterwirft – nicht mit Gewalt, sondern magisch verführerisch (»Himmlisch locker«, »Zärtlichkeit in den Handgelenken«), heimlich aus einem Versteck heraus – die Massen. Formal haben wir eine rauschhafte Suada in genießerisch freier Syntax (»da sangen schon welche mit, oh Donau, und über den ganzen Platz, so blau, bis zur Hindenburgallee, so blau und zum Steffenspark, so blau, hüpfte mein Rhythmus«). Auch perspektivische Frei-heit nimmt sich der Erzähler: Obwohl er unter der Tribüne versteckt ist und nur durch ein Astloch spicken kann, be-schreibt er die Szene aus der Totale, im doppelten Sinn von oben herab. Oskar »weiß«, wie die Trommler über ihm aussehen, er »riecht« die Menge. Alle Beschreibungen der anderen – des

Volkes, der Musiker, der Nazis – sind entwertend. Die Trommler haben »verkniffene, vom Sonnenlicht geblendete Augen«, »die Menge« wird nicht nur wie ein Tier in der dritten Person beschrieben (es), sondern mit dem distanzierenden hinweisenden Artikel ohne Substantiv (das): »Das« stand in Sonntagskleidung, war zu Fuß gekommen, in der Frühmesse »nicht zufriedengestellt worden«, »das« »wollte mit dabei sein, wenn Geschichte gemacht wird«. Die Musiker beleidigen mit ihrem Unvermögen (»übelste Landsknechtsmanier«) sein Ohr. Sie nehmen sein Vorspiel nur »mehr oder weniger« geschickt auf, einige »Unerbittliche« haben überhaupt »kein Gehör« usw. Die Abordnungen der SA und SS finden Oskar nicht, obwohl sie eine Stunde lang das Gelände durchsuchen und sich sogar Ecklöcher ins »braune und schwarze« Gewand reißen: Sie sind dem Knirps »nicht gewachsen«.

Oskar dagegen strotzt vor Überlegenheit. Er weiß, was das Volk braucht, und beschließt, ihm was zu bieten. Mit seiner Kindertrommel übertönt er, wenn nicht physisch, dann magisch, das Orchester. Die »lästigen« Spielmannszugführer setzt er ab, »das war jetzt meine Musik«. Oskar befriedigt das Volk, das »an meinem Walzer Spaß fand, aufgeregt hüpfte, es in den Beinen hatte«. Aus Mitleid [!] mit dem Funktionär Löbsack wechselt Oskar den Rhythmus und katapultiert die übrigens nach »Tausenden und Abertausenden« zählende selige Volksmasse wieder aus dem Walzertakt, in den er sie eben noch versetzt hatte. Für die Staatsmacht ist da »nichts mehr zu retten«, »Gesetz ging flöten und Ordnungssinn«, weil Oskar es will.

Nach dem Krieg, in der Wirtschaftswunderwelt, beherrscht Oskar das Establishment mit seiner Trommel ebenso unangefochten. Nun freilich nicht mehr aus dem Versteck, sondern öffentlich auf der Bühne, ein Star der Kneipen und Variétés:

Alte Wege trommelte ich hin und zurück, machte die Welt aus dem Blickwinkel der Dreijährigen deutlich, nahm die zur wahren Orgie unfähige Nachkriegsgesell-

schaft zuerst an die Leine [...] hatte sie schon so weit,
daß sie die Unterkiefer hängenließen, sich bei den Händ-
chen nahmen, die Fußspitzen einwärts schoben, mich, ih-
ren Rattenfänger, erwarteten«. (704)

Er läßt sie lachen und weinen, »formiert[e] den Kindergarten
zum Umzug«, gaukelt ihnen eine Wiese mit Gänseblümchen
vor, »die sie, die Damen und Herren, frohlockend pflücken
durften«. Immerzu trommelnd »erlaubt[e]« er ihnen, »ein
kleines Geschäftchen« zu machen. (705)

Und sie befriedigten ein Kleinkinderbedürfnis, näßten,
alle, die Damen und Herren näßten, auch der Wirt
Schmuh näßte, meine Freunde Klepp und Scholle näß-
ten, selbst die ferne Toilettenfrau näßte, pißpißpißpiß
machten sie, näßten alle die Höschen und kauerten sich
dabei nieder und hörten sich zu. Erst als diese Musik ver-
klungen war – Oskar hatte das Kinderorchester nur
leichthin dröselnd begleitet –, leitete ich mit großem, di-
rekten Schlag zur unbändigen Fröhlichkeit über. (705)

Verglichen mit der Charleston-Nummer ist das nochmals eine
Steigerung: die offene Unterwerfung und Erniedrigung eines
masochistisch dankbaren, zahlenden Publikums; nun auch
nicht mehr virtuos, sondern in auftrumpfend juvenilem Duktus beschrieben.

Wir haben hier das Musterbeispiel einer *magischen Deu-*
tung, vergleichbar vielleicht der des kleinen Max, der an die
Mauer schreibt: »Moritz ist doof!« Die Tat erleichtert Max und
scheint Moritz zu bannen, was nachvollziehbar ist, aber über
Moritz wenig sagt. Auch *Die Blechtrommel* weiß über die Nazis wenig anderes zu berichten, als daß sie dumm und blind waren. Das ist aber, wenn überhaupt, nur die halbe Wahrheit und
erklärt die Epoche nicht. Denn »die Nazis« waren vielleicht

dumm, aber effektiv. Und die Wirtschaftswundergesellschaft war vielleicht oberflächlich, aber in ihrer Genußsucht bestimmt nicht so anspruchslos wie hier beschrieben. Auch die imaginierten Rattenfänger-Triumphe sind, wie der sexuelle, mit Verharmlosung erkauft.

Warum eigentlich? Würde Oskars Überlegenheit nicht durch einen intelligenten, gefährlichen, raffinierten Gegner viel schöner bestätigt? Und wäre Oskars sexuelle Potenz, wenn sie ablehnende oder verklemmte Frauen erweckte, nicht überzeugender?

Mir fallen zwei Erklärungen ein. Die eine: Der Autor genießt einen Triumph über schwache Figuren einfach mehr. Die andere: Er ist sich seiner Überlegenheit nicht sicher. Das scheint mir plausibler. Die Größenphantasie als magische Deutung will die Außenwelt nicht erkennen, sondern beschwören. Sie entschärft die Welt durch Klischees und baut so Spannung ab. Denn sie wurzelt in Angst.

Moralische Macht

Jetzt fehlt noch eins: die Moral. Denn die Phantasie half zwar, Angst und Scham zu bannen, aber das reicht zur Größe nicht aus: Das Ich muß aufgewertet werden. Grandiosität zielt fast immer auf *äußere* Wertbestätigung, die fast immer mit positiven ethischen Begriffen ausgedrückt wird. Sogar Nazis argumentierten mit »Reinheit« und »Treue«, Mafiosi berufen sich auf »Ehre« und »Stolz«, militärische Aggressoren bringen »Freiheit« und »Demokratie«, und in nicht wenigen Computer-Ballerspielen geht es um die »Rettung der Welt«. Bei Oskar scheint das zwar anders zu sein – er richtet sich *gegen* das Wertsystem seiner Gesellschaft –, aber auch er beansprucht moralische Größe. Schon sein Entschluß, klein zu bleiben, ist ein moralisches Manifest:

[...] ich blieb der Dreijährige, der Gnom, der Däumling, der nicht aufzustockende Dreikäsehoch blieb ich, um Unterscheidungen wie kleiner und großer Katechismus enthoben zu sein, um nicht als einszweiundsiebzig gro-ßer, sogenannter Erwachsener, einem Mann, der sich selbst vor dem Spiegel beim Rasieren mein Vater nannte, ausgeliefert und einem Geschäft verpflichtet zu sein, das, nach Matzeraths Wunsch, als Kolonialwarengeschäft einem einundzwanzigjährigen Oskar die Welt der Er-wachsenen bedeuten sollte. Um nicht mit einer Kasse klappern zu müssen, hielt ich mich an die Trommel und wuchs seit meinem dritten Geburtstag keinen Finger-breit mehr, blieb der Dreijährige, aber auch Dreimal-kluge, den die Erwachsenen alle überragten, der den Er-wachsenen so überlegen sein sollte, der seinen Schatten nicht mit ihrem Schatten messen wollte, der innerlich und äußerlich vollkommen fertig war [...] (71)

Oskars Moral definiert sich negativ, aus Ablehnung: des Kate-chismus (der katholischen Moral), des Mannes, der sich sein Vater nennt (Abstammung, Erwachsene), des Kolonialwaren-ladens (Erwerbswelt). Dafür bleibt er »dreimalklug«, »so über-legen«, »innerlich und äußerlich vollkommen fertig« – ein vielsagendes Wunschbild. Daß er »seinen Schatten nicht mit ihrem [der Erwachsenen] Schatten messen« will, mag bedeu-ten, daß er nicht mit deren Fehlern behaftet sein möchte.

Mit diesem Gegenprogramm sabotiert er die Gesellschaft, die als verächtlich empfunden wird, obwohl er den Grund ihrer Verächtlichkeit nicht nennt. Oskar geht nicht zur Schule, er-lernt keinen Beruf und deutet sich nebenbei durchaus kalt-blütig als potentielles Euthanasieopfer an. So unangenehm (infantil, renitent, destruktiv) er sich gibt: Seine Streiche gel-ten, mit zwei Ausnahmen, eher den Strukturen als den Perso-nen und beziehen daraus ihre Rechtfertigung. Schaden und Moral werden sorgfältig gegeneinander aufgewogen.

Eine Zeitlang zum Beispiel pflegt der halbstarke Oskar nachts handgroße kreisrunde Löcher in Schaufenster zu singen, aber nicht, um sich zu bereichern, sondern um vorübergehende Erwachsene zum Griff in die Auslagen zu verführen. Oskar, der selbst natürlich frei ist von materiellem Begehren, gibt diese manipulative Übung als moralisch-philosophische Tat aus, wozu ihm unversehens ein großer epischer Überblick zur Verfügung steht [Hervorhebungen von mir, PM]:

Oskar, du hast all den stillen und in Wunschobjekte verliebten winterlichen Spaziergängern nicht nur die kleinen und mittelgroßen Wünsche erfüllt, *du hast den Leuten vor den Schaufensterscheiben auch geholfen,* sich selbst zu erkennen. *Manch solid elegante Dame, manch braver Onkel, manch ältliches, im Religiösen frischbleibendes Fräulein hätte niemals in sich die Diebesnatur erkannt, wenn nicht* deine Stimme *zum Diebstahl* verführt *hätte, obendrein Bürger* gewandelt *hätte, die zuvor in jedem kleinen und ungeschickten Langfinger einen verdammenswerten und gefährlichen Halunken sahen.*

Nachdem ich ihm Abend für Abend aufgelauert und er mir dreimal *den Diebstahl* verweigert *hatte, ehe er zugriff und zum nie von der Polizei entdeckten Dieb wurde, soll Dr. Erwin Scholtis, Staatsanwalt und am Oberlandesgericht gefürchteter* Ankläger, *ein milder, nachsichtiger und im Urteil beinahe* menschlicher *Jurist geworden sein, weil er mir, dem kleinen* Halbgott der Diebe, opferte *und einen Rasierpinsel, echt Dachshaar, raubte. (166)*

Später wird Oskar wegen seines Glasschneide-Talents von einer kriminellen Jugendbande zum Chef erwählt, ist aber gegen Gewalt und befiehlt, Waffen und Benzin im Garten zu vergraben (488). Er betätigt sich wie immer grandios, erklärt aber, daß die Gruppe nur Parteiorgane geschädigt habe; eine einzelne

Rachehandlung der Burschen gegen einen Lehrer habe er nur »widerstrebend« unterstützt.

> *Man sprach damals viel von Wunderwaffen und vom Endsieg. Wir, die Stäuber, sprachen weder vom einen, noch vom anderen, hatten aber die Wunderwaffe. [Oskars Stimme.] (487)*

> *Oskar [...] zersang, [...] fernwirkender als je zuvor, ohne die Wohnung der Mutter Truczinski zu verlassen, zu später Stunde vom Schlafzimmerfenster aus die Parterrefenster mehrerer Parteidienststellen, das Hoffenster einer Druckerei, in der Lebensmittelkarten gedruckt wurden, und einmal, auf Wunsch und widerstrebend, die Küchenfenster zur Privatwohnung eines Studienrates, an dem die Burschen sich rächen wollten. (489)*

Einige Rezensenten des Jahres 1959 haben beeindruckt Oskars Amoral[43] und Tabu-Freiheit[44] zur Kenntnis genommen. Ich hoffe gezeigt zu haben, daß im Gegenteil höchst umsichtig moralisiert wurde. Als Krimineller will Oskar nicht gelten. Er schädigt zwar ein bißchen die Gesellschaft, aber diese von ihm geschädigte Gesellschaft war, als er davon erzählt, längst als verbrecherisch entlarvt und blamiert. Er stand also auch als Bürgerschreck auf der richtigen Seite.

Vatermord

Zweimal richtet Oskar wirklich Schaden an. Beide Male kommt jemand zu Tode, und nicht zufällig handelt es sich dabei um Oskars Väter, den rechtlichen, Alfred Matzerath, und den leiblichen, Jan Bronski. Den leiblichen, Jan, lockt Oskar in die polnische Post, wo Jans Arbeitskollege Kobyella Oskars Trommel reparieren soll. Die polnische Post aber wird kurz darauf von den Deutschen angegriffen und in einem blutigen Gefecht erobert; die polnischen Verteidiger werden getötet oder gefangen genommen. Oskar bleibt ungeschoren, weil er sich rechtzeitig »seiner alles entschuldigenden [!] Dreijährigkeit« besinnt (317). Jan wird verhaftet und hingerichtet.

Alfred Matzerath stirbt einige Jahre später buchstäblich an seinem verschluckten Parteiabzeichen; auch hieran ist Oskar beteiligt. Diese Szene spielt bei Kriegsende in einem Keller, in den die Hausgemeinschaft vor den Russen geflüchtet ist, und sei hier zitiert.

> *Fast zaghaft wie ein Kind, das nicht weiß, ob es weiterhin an den Weihnachtsmann glauben soll, stand Matzerath mitten im Keller, zog an seinen Hosenträgern, äußerte erstmals Zweifel am Endsieg und nahm sich auf Anraten der Witwe Greff das Parteiabzeichen vom Rockaufschlag, wußte aber nicht, wohin damit […]. (514)*

Er wirft es auf den Betonboden, wo Oskar es an sich bringt. Dann sticht die offene Nadel Oskar allerdings in den Handteller, und obwohl er weiß, daß das Parteiabzeichen seinen Träger »gefährdet« (»mit den Russen soll man keine Scherze treiben«, 515), will er »Matzerath seinen Bonbon gerade hinten, am Rock, wieder ankleben« (514). In diesem Augenblick stürmen Russen in den Keller und machten »über Maschinenpistolen Augen«. (515)

> *Daß die Erwachsenen die Hände hochhoben, fand ich normal. Das kannte man aus den Wochenschauen; auch war es nach der Verteidigung der Polnischen Post ähnlich ergebungsvoll zugegangen. (515)*

Oskar beobachtet inzwischen fasziniert auf dem Kellerboden Ameisen, *[die sich] durch den Auftritt der russischen Armee nicht beeinflussen ließen. Die hatten nur Kartoffeln und Zukker im Sinn, während jene mit den Maschinenpistolen vorerst andere Eroberungen anstrebten. (515)*

»Andere Eroberungen« bedeutet: Sie fangen an, die Witwe Greff zu vergewaltigen.

Mich und meine Trommel nahm jemand vom Beton weg auf den Arm und hinderte mich somit, weiterhin und vergleichsweise die Ameisen zu beobachten und an ihrem Fleiß das Zeitgeschehen zu messen. Mein Blech hing mir vor dem Bauch, und der stämmige, großporige Kerl wirbelte mit dicken Fingern, für einen Erwachsenen nicht einmal ungeschickt, einige Takte, zu denen man hätte tanzen können. Oskar hätte sich gerne revanchiert, hätte gerne einige Kunststückchen aufs Blech gelegt, konnte aber nicht, weil ihn noch immer das Matzerathsche Parteiabzeichen in die linke Handfläche stach.

Fast wurde es friedlich und familiär in unserem Keller. Die Greffsche lag immer stiller werdend unter drei Kerlen abwechselnd, und als einer von denen genug hatte, wurde Oskar von meinem recht begabten Trommler an einen schwitzenden, in den Augen leicht geschlitzten, nehmen wir an, Kalmücken abgegeben. Während er mich links schon hielt, knöpfte er sich rechts die Hose zu und nahm keinen Anstoß daran, daß sein Vorgänger, mein Trommler, das Gegenteil tat. Dem Matzerath jedoch bot sich kaum Abwechslung. Immer noch stand er vor dem Regal mit den Weißblechdosen voller Leipziger Allerlei, hielt die Hände hoch, zeigte alle Handlinien; doch niemand wollte ihm aus der Hand lesen. Hingegen erwies sich die Auffassungsgabe der Frauen als erstaunlich: Maria lernte die ersten Worte Russisch, zitterte nicht mehr mit den Knien, lachte sogar und hätte auf ihrer

Mundharmonika spielen können, wäre die Maultrommel greifbar gewesen.

Oskar jedoch, der sich nicht so schnell umstellen konnte, verlegte sich, Ersatz für seine Ameisen suchend, auf das Beobachten mehrerer platter, graubräunlicher Tiere, die sich auf dem Kragenrand meines Kalmücken ergingen. Gerne hätte ich solch eine Laus gefangen und untersucht […]. Weil ich aber mit einer einzigen Hand den Läusen schlecht beikommen konnte, trachtete ich, das Parteiabzeichen loszuwerden. Und um meine Handlungsweise zu erklären, sagt Oskar: Da der Kalmücke schon mehrere Orden an der Brust hatte, hielt ich jenen mich stechenden und am Läusefangen hindernden Bonbon dem seitwärts von mir stehenden Matzerath mit immer noch geschlossener Hand hin.

Man kann jetzt sagen, das hätte ich nicht tun sollen. Man kann aber auch sagen: Matzerath hätte nicht zuzugreifen brauchen. Er griff zu. Ich war den Bonbon los. Matzerath erschrak nach und nach, als er das Zeichen seiner Partei zwischen den Fingern spürte. […]

Er aber wollte es los werden und fand trotz seiner oft erprobten Phantasie als Koch und Dekorateur des Kolonialwarenladenschaufensters kein anderes Versteck als seine Mundhöhle.

Wie wichtig solch eine kurze Handbewegung sein kann! Von der Hand in den Mund, das reichte aus, die beiden Iwans, die links und rechts friedlich neben Maria gesessen hatten, zu erschrecken und von dem Luftschutzbett aufzujagen. Mit Maschinenpistolen standen sie vor Matzeraths Bauch, und jedermann konnte sehen, daß Matzerath versuchte, etwas zu verschlucken.

Hätte er doch zuvor wenigstens mit drei Fingern die Nadel des Parteiabzeichens geschlossen. Nun würgte er an dem sperrigen Bonbon, lief rot an, bekam dicke Augen, hustete, weinte, lachte und konnte bei all den gleich-

zeitigen Gemütsbewegungen die Hände nicht mehr oben behalten. Das jedoch duldeten die Iwans nicht. Sie schrien und wollten wieder seine Handteller sehen. Aber Matzerath hatte sich vollkommen auf seine Atmungsorgane eingestellt. Selbst husten konnte er nicht mehr richtig, geriet aber ins Tanzen und Armeschleudern, fegte einige Weißblechdosen voller Leipziger Allerlei vom Regal und bewirkte, daß mein Kalmücke, der bisher ruhig und leichtgeschlitzt zugesehen hatte, mich behutsam absetzte, hinter sich langte, etwas in die Waagerechte brachte und aus der Hüfte heraus schoß, ein ganzes Magazin leer schoß, schoß, bevor Matzerath ersticken konnte.

Was man nicht alles tut, wenn das Schicksal seinen Auftritt hat! Während mein mutmaßlicher Vater die Partei verschluckte und starb, zerdrückte ich, ohne es zu merken oder zu wollen, zwischen den Fingern eine Laus, die ich dem Kalmücken kurz zuvor abgefangen hatte. (516ff)

Man beachte die exquisite Mischung aus falscher Unschuld, Sadismus, Hohn, moralischer Koketterie und Verharmlosung, mit der Grass symbolisch dem Nazireich den Garaus macht.

Falsche Unschuld: Oskar schildert die Ereignisse aus der Perspektive eines Kindes, das den Ernst der Lage nicht erkennt und, über die Erscheinungen der Welt staunend, lieber eine Ameisenstraße beobachtet als die hereinbrechende Soldateska; zu Matzeraths Tod kommt es nur, weil Oskar an seiner Beobachtung gehindert wird. Falsch ist die Unschuld, weil der Autor genau weiß, welche Schrecken er *nicht* beim Namen nennt: es handelt sich auch hier um einen ironischen Effekt. Der barocke Autor Grimmelshausen hat ihn bereits in Vollendung eingesetzt, und an ihn scheint Grass hier anzuknüpfen. In Grimmelshausens Roman *Simplicissimus* (1668) schildert der kleine Simplicius die Plünderung seines armseligen Dorfes im Dreißigjährigen Krieg so: »Andere schlugen Ofen und Fenster ein, gleichsam als hätten sie ewigen Sommer zu verkündigen […]«[45] Im scheinbaren Mißverstehen als herrliches Versprechen wirkt die Zerstörung doppelt sinnlos und brutal. Grass hat in der entsprechenden Szene nicht die Gutgläubigkeit, sondern die Egozentrik des Kindes als Effekt genutzt. Er behandelt die Erwachsenen wie gewohnt verächtlich: vom verblendeten Matzerath über die auch öffentlich umgehend paarungsbereite Witwe Greff bis zu dem Russen, der »für einen Erwachsenen nicht einmal ungeschickt« einige Takte auf der Blechtrommel wirbelt.

Hohn: Der Erzähler zwingt den Geschehnissen komische Effekte ab, indem er den Alfred Matzerath noch dümmer erscheinen läßt, als der ohnehin ist. Matzerath findet »für den Bonbon […] trotz seiner oft erprobten Phantasie als Koch und Dekorateur […] kein anderes Versteck als seine Mundhöhle.« »Hätte er doch zuvor wenigstens mit drei Fingern die Nadel des Parteiabzeichens geschlossen.« »Wie wichtig solch eine kurze Handbewegung sein kann!«

Sadismus: die genießerisch mitleidlose Schilderung von Demütigung, Schmerz und Todeskampf. »Selbst husten konnte er nicht mehr richtig, geriet aber ins Tanzen und Armeschleudern«; »Aber Matzerath hatte sich vollkommen auf seine Atmungsorgane eingestellt« usw.

Moralische Koketterie: »Weil ich aber mit einer einzigen Hand den Läusen schlecht *beikommen* konnte, trachtete ich, das Parteiabzeichen loszuwerden. Und *um meine Handlungsweise zu erklären*, sagt Oskar […]«. »*Man* kann jetzt sagen, das *hätte ich nicht tun* sollen. Man kann aber auch sagen: Matzerath *hätte nicht zuzugreifen* brauchen.« »Was man nicht alles tut, wenn das Schicksal seinen Auftritt hat!« [Hervorhebungen von mir, PM] Moralisch heißt: Oskar sind die Begriffe und Erwartungsweisen geläufig, er diskutiert sie sogar. Koketterie: Er tut es ironisch.

Verharmlosung: Oskars bisherige Welt wird als nicht verteidigenswert dargestellt. Nicht der geringste Konflikt, etwa aus familiärer Loyalität, taucht auf; zu Schaden kommt nur der Parteigenosse Matzerath, beschlafen wird nur die geschlechtslustige Witwe Greff. Kein Soldat kommt z. B. auf die Idee, Oskars appetitliche junge Stiefmutter Maria zu vergewaltigen; statt dessen stehen alle bei der ältlichen Witwe Greff an.

Charakteristisch für die ganze Szene sind häufige Perspektivwechsel. Vordergründig wird aus der Warte des Kindes erzählt, aber Oskar ist zu dem Zeitpunkt ein junger Erwachsener, siebzehn oder achtzehn Jahre alt. Unversehens schwankt die Erzählung zwischen drei Tonfällen hin und her, von Kindereinfalt (»kannte man aus den Wochenschauen«) zu jugendlich-philosophischem Hochmut (»die Ameisen zu beobachten und an ihrem Fleiß das Zeitgeschehen zu messen«) bis zu epischem Überblick (»Zaghaft wie ein Kind, das nicht weiß, ob es weiterhin an den Weihnachtsmann glauben soll, stand Matzerath mitten im Keller, äußerte erstmals Zweifel am Endsieg«). Auch Oskars Benennungskraft wechselt abrupt, sogar innerhalb eines Satzes, wenn etwa ein Russe »etwas in die Waagerechte brachte« und sogleich »aus der Hüfte heraus […] ein ganzes Magazin leer schoß«. Noch auffälliger wechseln die Vokabeln für das Parteiabzeichen zwischen kindlichem (»Bonbon«)[46], jugendlichem (»Parteiabzeichen«, »Orden«) und gestelzt epischem Jargon (»das Zeichen seiner Partei«). Sie wechseln sogar von Satz zu Satz: »Ich war den Bonbon los. Matzerath erschrak nach und nach, als er das Zeichen seiner Partei zwischen den Fingern spürte.« Die Kombination aus Kindlichkeit und Herablassung im Erzählton ist ja für das ganze Buch charakteristisch. Auf diesem Höhepunkt aber überstürzen sich die Perspektiven, als greife der Autor unbedenklich jeweils zu der, die den Vater am härtesten trifft und den Sohn am saubersten aus dem Schlamassel löst.

Die Symbolik ist unübersehbar: Alfred Matzerath »verschluckt die Partei«, die für Größenwahn und Verbrechen stand, und verendet qualvoll, stellvertretend für die schuldig gewordene Vätergeneration. Nebenbei befreit sein Tod den Sohn von der Notwendigkeit, mit einem Schuldigen – und der Schuld – weiter zusammenzuleben. Der Sohn sieht zu und zerdrückt dabei, »ohne es zu merken oder zu wollen, zwischen den Fingern eine Laus«.

Auch Oskars »Mitleidslosigkeit« wurde von den Rezensenten 1959 intensiv diskutiert, teilweise mit Respekt[47], als ermögliche erst diese Kälte die »größte Genauigkeit« des Erzählens.[48] Ich meine, daß hier weder kalt noch genau erzählt wurde, sondern lustvoll subjektiv im Sinne des Helden, der hier am Sadismus der Eroberer partizipiert und gleichzeitig seine Harmlosigkeit in die Waagschale wirft.

Moralische Ohnmacht

Wie paßt diese demonstrative Inhumanität zu Oskars skrupulöser Moralität der vorigen beiden Szenen?

Tatsächlich ist der Widerspruch geringer, als es zunächst scheint. Der Erzähler hat verschiedene Antriebe: Er möchte gern moralisch *und* grandios sein, er schätzt aber auch die Macht und genießt es, Menschen zu manipulieren. So etwas ist nicht selten; wahrscheinlich hat jeder von uns schon ungebilligte Motive in gebilligten Handlungen untergebracht. Oskar vereinigt in den ersten beiden Szenen seine Antriebe, indem er Glas zersingend Macht ausübt, um auf erniedrigende Weise moralisch zu wirken. In der Kellerszene, die ihm keine Machtausübung gestattet, zieht er sich dagegen auf Kleinkindaktionen zurück, um mit grandiosem Überblick voyeuristisch die Hinrichtung des moralisch disqualifizierten Alfred Matzerath zu begleiten. Letztlich stellt er sich auch hier auf die Seite der moralischen Sieger. Die Sehnsucht nach Moral ist bei ihm zwar der Sehnsucht nach Grandiosität untergeordnet. Das heißt aber nicht, daß es sie nicht gäbe.

Nun ist Oskar natürlich eine Phantasie. Ich denke, daß seine Motive (Grandiosität, Infantilität, Harmlosigkeit, Entwertungssucht, Manipulation, Sadismus, Moral) auch für seinen Erfinder wesentlich waren, nehme aber nicht an, daß dieser sich in Oskar erschöpfte. Warum?

Ihre Bedeutsamkeit für den Autor schließe ich aus der Exklusivität und Intensität, mit der sie Stoff und Handlung der *Blechtrommel* bestimmen.

Daß etwas Wichtiges fehlt, schließe ich daraus, daß auch in Stoff und Handlung eben Wichtiges fehlt. Bei einem so redseligen Buch fällt das auf.

Erstens wird nie gesagt, *warum* die Erwachsenen-Gesellschaft mit solcher Verachtung behandelt, *warum* ihre Schädigung mit solchem Triumph, Matzeraths Tod mit solchem Hohn beschrieben wird. Die Gegenstände (spießige Kleinbürger, dümmliche Uniformierte, ein einfältiger Kolonialwarenhändler) rechtfertigen solche Aggression nicht. Man darf also annehmen, daß die Aggression des Autors auf das Dahinterliegende zielt: das »Dritte Reich«, das ja konkret den Zeithintergrund abgibt.

Zweitens: Dieses »Dritte Reich«, das historisch vor allem durch Terror und Inhumanität aufgefallen ist, wird in der *Blechtrommel* nur in kleinen und lächerlichen Ausschnitten präsentiert, also verharmlost. Das, was seine *Macht* bedeutete: Effektivität, Verführung und Einschüchterung, kommt nicht vor. Wahrheit des Erzählens: Eine nachdrücklich einseitige Darstellung weist oft darauf hin, daß die andere Seite des Gegenstandes für den Erzähler unheimlich, angstbesetzt ist.

Drittens: Nicht nur das Angstbesetzte, sogar die Angst fehlt. Überhaupt ist für einen großen epischen Entwurf das menschliche Gefühlsspektrum der *Blechtrommel* außerordentlich schmal. Daß Liebe, Neugier und Staunen fehlen, ließe sich aus der Psyche Oskars erklären. Zwei elementare Gefühle aber, ohne die kein Mensch existiert, fehlen ebenfalls: Angst und Scham. Man könnte zwar argumentieren, daß der grandiose Oskar von ihnen befreit ist. Aber Angst und Scham sind überall beteiligt, wo Schadenfreude, Hohn und Erniedrigung phantasiert werden. Wäre Oskar von jenen befreit, müßte er auch von diesen befreit sein.

Aus der Summe dieser Merkmale schloß ich, daß der *Blechtrommel*-Autor selber in seiner Jugend keineswegs überlegen und distanziert gewesen war und daß sein hypertropher virtueller Gegenschlag eher eine hypertrophe Scham kompensierte. Inzwischen ist in einer von Grass gebilligten Biographie diese Jugend plausibel beschrieben worden.[49]

Es zeichnet Grass aus, daß er sich nie als Widerstandskämpfer oder inneren Emigranten bezeichnet hat. Sein Biograph Jürgs schreibt: »Damals hat [Grass] nicht begriffen, was um ihn herum vorging, das Verbrechen, die Schande, da war er noch zu klein und große Zusammenhänge waren ihm fremd. Hingen Naziflaggen vor den Häusern, war das für die Kinder von Langfuhr eine farbenfrohe Abwechslung im Stadtbild. Marschierten zum Trommelwirbel und üblichem Tamtam die Uniformierten mit dem Hakenkreuz, rannten sie am Straßenrand mit und übten den festen Schritt und Tritt.«[50] Als einer seiner Lehrer plötzlich nicht mehr auftauchte, fragte auch Günter nicht nach. Später, beim Arbeitsdienst, verprügelte der Siebzehnjährige zusammen mit den Stubengefährten mehrmals einen jungen Zeugen Jehovas, der kein Gewehr anfassen wollte. »Das ist mir lange nachgegangen, eigentlich bis heute«, erzählte Grass seinem Biographen. »Dieser unartikulierte Widerstand. Einer, der sich nicht ausdrücken konnte, aber keinem Druck beugte.«[51]

Bei seinem kurzen Fronteinsatz im April 1945 hatte der Soldat immer noch keinen Zweifel an der Berechtigung des Krieges. »Grass war [...] verblendet und dumpf verankert in seiner Vorstellung, denn er war aufgewachsen unter Hitlers Bild mit Schießübungen im Wald, morgendlichen Appellen bei wehenden Hakenkreuzfahnen, vaterländischen Gesängen an nächtlichen Feuern.«[52] Auch nach Kriegsende, als Gefangener der

Amerikaner in einem Lager in Bad Aibling, hielt er, immer laut Jürgs, Berichte über die Verbrechen der Vätergeneration zunächst für Propaganda der Sieger. »So schütz[t]en sie sich gegen den Anblick der Fotos von Leichenhaufen und Verbrennungsöfen aus Bergen-Belsen, die den Kriegsgefangenen als Beweis für die Verbrechen der Nazis vor Augen gehalten [wurden].«[53]

Grass selbst bekannte gegenüber Jürgs:

> Geglaubt habe ich erst, was sie uns erzählten, und das ist das Absurde, als ich die Radioübertragung von den Nürnberger Prozessen hörte und mein ehemaliger Reichsjugendführer Baldur von Schirach die Verbrechen zugab, um seine Schuld zu gestehen und um die Hitlerjugend, also uns, vor dem Vorwurf zu schützen, eine verbrecherische Organisation gewesen zu sein. Da war noch dieser Rest des Autoritätsglaubens übriggeblieben, denn wenn es die eigenen Leute sagen, dann muß was dran sein.[54]

Er nahm sich die Lektion zu Herzen. 1996 sagte der inzwischen neunundsechzigjährige Autor bei der Verleihung des Sonning-Preises in Kopenhagen:

> Wer in den zwanziger Jahren … geboren wurde, wer, wie ich, das Kriegsende nur zufällig überlebt hat, wem die Mitschuld – bei aller Jugend – an dem übergroßen Verbrechen nicht auszureden ist, wer aus deutscher Erfahrung weiß, daß keine noch so unterhaltsame Gegenwart die Vergangenheit wegschwätzen kann, dem ist der Erzählfaden vorgesponnen, der ist nicht frei in der Wahl seines Stoffes, dem sehen beim Schreiben zu viele Tote zu.[55]

Dem sehen beim Schreiben freilich nicht nur viele Tote zu, sondern auch die eigene Verführbarkeit und Verblendung. Beides kann so schwer wiegen, daß sich sogar eine symbolische Mitschuldübernahme für Morde, die man nicht begangen hat, leichter trägt.

Das zentrale Thema – Verführung

In der *Blechtrommel* dominiert die phantastische Ich-Manifestation des Erzählers. Sie ist sowohl der Zeit-Deutung als auch der Moral übergeordnet. Diesem kompensatorischen Charakter der Erfindung lag, das ist meine These, eine hypertrophe Scham zugrunde: hypertroph, weil es wirkt, als habe der Autor (der Künstler im Augenblick des Phantasierens) sich nicht etwa nur dafür geschämt, daß er sich von einem verbrecherischen Regime hatte verführen und betrügen lassen, sondern dafür, daß er überhaupt verführbar gewesen war. Er hätte also gewissermaßen nicht ertragen, daß er wie alle anderen Menschen täuschbar war, als wäre die Prägbarkeit insbesondere der Jugend nicht Voraussetzung jeder Zivilisation und ihr Mißbrauch nicht die eigentliche Wurzel der verhandelten Tragik.

Der normal Beschämte hätte vielleicht seine moralische Schädigung und die Umstände, die zu ihr führten – eben die Verführung des Halbwüchsigen und seine Verführbarkeit –, zu erkennen und zu deuten versucht. Der entsprechend seinem Ich-Anspruch hypertroph Beschämte aber phantasierte einen rabiaten Gegenentwurf, in dem er grundsätzlich und von Geburt an untäuschbar war.

Dieser Entwurf erforderte eine starke Korrektur der Realität. Der Autor der *Blechtrommel* sprach den Verhältnissen jede Verführungskraft ab, als gelte es, noch die geringste Möglichkeit einer Verführung des Helden auszuschließen: Die Erwachsenen haben auf Oskar keine Anziehungskraft, sie sind *nicht im geringsten* liebenswert, noch achtenswert, noch auch nur interessant. Von einer solchen Welt geht keine Gefahr aus; auch wo sie sich gewalttätig aufführt, wirkt sie lächerlich. Der erfundene Held hingegen ist, im Gegensatz zu allen anderen Menschen, die er deshalb verachtet, keiner Sozialisation bedürftig (»unbeeinflußbar«, »kritisch«) und »achtet« sich bereits »im Fruchtwasser« genau dafür (45). Er ist nicht nur unverführbar, sondern besitzt selbst eine magische Verführungskraft und manipuliert andere im wahrsten Sinne des Wortes spielend. Insbesondere verführt er gern Menschen*massen*, ganz gleich, ob es sich dabei um Militärkapellen, Danziger Volk oder Wirtschaftswunderbürger handelt: Ihnen gilt seine besondere Verachtung.

Nun muß noch die Frage der Verantwortung gelöst werden. Um ihr zu entgehen, macht sich Oskar klein, und zwar nicht nur jugendlich klein, halbwüchsig etwa, sondern kleinkindhaft klein. Auf diese Weise kann er sich an der Erwachsenenwelt schadlos halten und gleichzeitig komplette Unschuld beanspruchen. Er kann in seiner Darstellung je nach Bedarf zwischen Grandiosität und Unschuld wechseln, wobei jeweils der erreichbare moralische Gewinn die Wahl der Perspektive bestimmt. Eine solche Phantasie bewährt sich freilich nur an einem entsprechend harmlosen Modell der Realität.

Die hypertrophe literarische Größenphantasie ist ein Befreiungsschlag, mit dem der Autor sein Ego phantasierend von den Zumutungen und Niederlagen der Realität trennt. Sie ist insofern eine Kapitulation vor der Realität: Die Niederlagen werden verdrängt und weder in Bedeutung noch Motiven überwunden. Oskar beantwortet Verführung mit Verführung, Erniedrigung mit Erniedrigung, Inhumanität mit Inhumanität.

Wirkungen

Der von einer günstigeren Realität geschonte Nachgeborene darf die Überwindung eines Traumas nicht einklagen. Richtige Deutungen sind überhaupt nicht einklagbar, und wenn eine Deutung dem Deuter hilft, sich zu stabilisieren, hat sie ihren ersten Zweck erfüllt. Manche künstlerische Deutung eines quälenden historischen Ereignisses kann eine ganze Generation erlösen, und vielleicht hat Grass' Befreiungsschlag genau das getan. Ich versuche zu rekonstruieren, wodurch.

Grass als eine Art Hyper-Oskar lachte das »Dritte Reich« einfach weg. Er knirschte nicht beschämt, sondern drehte den Spieß um, nahm Angst und Schrecken nicht zur Kenntnis, verwandelte wütende Abwehr in einen drastischen Rache-Comic, spielte scheinbar provozierend mit Häßlichkeit und Ekel, ohne das wirkliche Grauen der Epoche aufkommen zu lassen, und demonstrierte eine vitale narzißtische Selbstzufriedenheit, die ansteckend gewirkt haben mag. Die enthusiastischsten Rezensenten von 1959 waren junge Männer im Alter von Grass mit einem ähnlichen Talent und Behauptungswillen. Aber auch alle anderen Leser kannten den Kontext, ob sie das Buch mochten oder nicht. Der Bedarf nach einer befreienden literarischen Deutung war enorm, und Grass' Angebot bestach durch Kraft, Originalität und Virtuosität. Es setzte sich durch. Auch im Ausland funktionierte es – vielleicht, weil es ohne deutsches Selbstmitleid daherkam. Oben habe ich von einer *magischen Deutung* gesprochen. Ich denke, die Verharmlosung des »Dritten Reiches« wirkte überall beruhigend, auch wenn – oder weil – sie nicht als solche wahrgenommen wurde. Ich habe keinen Hinweis darauf, daß Grass selbst seine Darstellung verharmlosend fand. Aber: Die Metapher seines Siegeszugs war eine Blechtrommel, ein Spielzeug für Kinder im Vorschulalter. Es wirkt, als habe der Zwerg Oskar mit seinem magischen Kindergetrommel nicht nur Danziger Volk und Düsseldorfer Varietébesucher, sondern die halbe Welt hypnotisiert.

Warum hat mich Nachgeborene diese Deutung weniger befriedigt? Ich denke, weil sie das, worauf sie reagiert, nicht *erfaßt*. Vor vierzig Jahren wußte jeder, was gemeint war, und die Antwort überzeugte, weil die Frage nicht gestellt werden mußte. Spätere Generationen verstehen eine literarische Antwort nur, wenn sie auch die Frage verstehen (oder wenn die neue Zeit ähnliche Fragen stellt).

Möchte ich also beim Langzeitwert eines Buches trotz allem die triftige Deutung als Kriterium behaupten? Ja. Die triftige Deutung besteht in der lebendigen Darstellung des Gegenstandes, der immer für die »Welt« steht. Bevor der Gegenstand treffend dargestellt werden kann, muß er erfaßt werden. Da Wahrnehmung individuell und flüchtig ist, kann die »Welt« nur im konkreten Augenblick erfaßt werden. Das scheint wenig zu sein, aber wer den Augenblick nicht erfaßt, erfaßt auch die »Welt« nicht. Als Kriterium für Erfassen ist allein die tiefste, unabhängigste Wahrnehmung des jeweiligen Deuters anzunehmen. Diese tiefste Wahrnehmung ist oft nicht die, die er selbst dafür hält. Falls es eine Differenz gibt, zeigen seine unwillkürlichen Äußerungen, darunter seine Erzählungen, worin sie besteht. Ich habe gezeigt, wie in der *Blechtrommel* mit ungeheurem Aufwand eine verzerrte virtuelle Welt entworfen wurde, um ein zentrales menschliches Thema, die Verführbarkeit des Ich, auszuschließen. Dadurch eliminierte der Deuter aus dem Bild genau das, was ihn am meisten betraf. Das Bild verlor sein emotionales Zentrum und geriet flach; das »Dritte Reich« ist in dieser Darstellung nicht erlebbar, sondern nur als Chiffre vorhanden. Wer erfahren möchte, wie Faschismus funktionierte, lernt hier nichts. *Die Blechtrommel* ist kein Erkenntnistext, sondern ein Haltungstext: Sie demonstriert mit phantastischer Energie nur, daß Grass, als er sie schrieb, gegen den Faschismus war.

Das genaue Lesen habe nicht ich erfunden, und Textinterpretation gibt es, seit es Texte gibt. Was fügt also meine These der üblichen genauen Lektüre hinzu? Läßt sich mein Ansatz methodisch beschreiben?

Der Unterschied besteht darin, daß dieser Ansatz in die Analyse bewußt auch die in den Texten offenbar werdenden Erkenntnis*störungen* einbezieht, aber nicht um sie zu kritisieren, sondern als Chance, zu den Wurzeln dieser Störungen vorzudringen.

Ich rekapituliere kurz: Wir Menschen, also auch Autoren, neigen dazu, Schwächen zu unterdrücken, denn sie ängstigen, beunruhigen und beschämen uns. Die unterdrückten Themen aber streben ins Bewußtsein, verbinden sich mit gebilligten Themen und finden einen Ausdruck in sprachlichen Kompromissen. In der freien Wiedergabe von Erlebtem, also beim Erzählen, wird das besonders deutlich deswegen, weil die Bedeutung von Erlebtem nicht zu erkennen ist und der Erzähler immer auch instinktiv strukturieren muß. Unsere Erzählung – ob als gesprochener oder geschriebener Text – hat also eine höhere Integrität als unser Bewußtsein. Die Integrität des Textes kann ein Schlüssel zur Integrität des Erzählers sein. Und sie kann dem Leser helfen, reagierend eigene Deutungsstörungen und -defizite aufzuklären.

Nach meinem Ansatz ist Lektüre eine Art persönliches Gespräch, bei dem der Leser seinen Gesprächspartner möglichst genau kennenlernen möchte. Der literarische Kontext (Tradition, Mode, Effekt) ist zweitrangig. Es gibt keine auratische Eigengesetzlichkeit des Kunstwerks. Eine Erzählung mag eine bewußte Willensäußerung sein, vor allem aber ist sie ein – auch unbewußter – Erkenntnisvorgang; der Autor ist kein Verkünder von Wahrheiten, sondern ein Wahrnehmender.

Diese Lesart ist dem instinktiven, persönlichen Lesen näher als dem professionellen – des Kritikers etwa, der eine rasche ästhetische Bewertung liefern soll, und des Literaturwissenschaftlers, der sich auch um Bestandsaufnahme und historische Einordnung kümmert. Allerdings verlangt sie vom Leser, daß er sich seine Eindrücke und Beobachtungen bewußt macht, und, in der Konsequenz, daß er bereit ist, Fragen an sich selbst zu stellen. Sie eignet sich nicht für Leute, die lesen, um von sich fortzukommen.

Die Grundeinstellung eines solchen Lesers wäre: individuelles bewußtes Wahrnehmen mit individueller Verantwortung; Bereitschaft, sich selbst zu prüfen; gegebenenfalls die Kraft, eine abweichende Meinung zumindest innerlich gegen den Druck von Mode und Konsens zu verteidigen.

Der mögliche Gewinn: verbesserte Erkenntnis durch umfassendere Wahrnehmung, Bereicherung oder Entlastung durch einen interessanten Subtext, bei gelungenen Werken gesteigertes Empfinden durch höhere Bewußtheit.

Zum interessanten Subtext gehört wesentlich die Genese der jeweiligen Deutung. Ich habe anhand dreier Beispiele gezeigt, wie man sich ihr annähern kann. Dabei war von Charakter und Schicksal der Deuter die Rede, von Deutungsstrategien, von allgemeinen Problemen und Themen des Erzählens sowie von einer konkreten historischen Katastrophe, die uns noch immer betrifft und deshalb ein gut Teil der Relevanz dieser Beispiele ausmacht. Hier kommt noch ein Aspekt ins Spiel, den ich zum Schluß zumindest ansprechen will: das Schicksal von Deutungen und seine Wirkung auf die Deuter.

Jede Erzählung deutet Vergangenes, aber nicht nur für die Gegenwart, sondern auch für die Zukunft des Erzählers. Jede Deutung verbindet sich mit der Wirklichkeit und bringt zusammen mit ihr neue Geschichten hervor, die neue Deutung erfordern. Biographie ist weniger eine Folge von Ereignissen als eine Folge von Deutungen.

Jede Deutung hat also einen praktischen Aspekt. Sie kann das Leben des Deuters im Sinne seiner Kriterien positiv oder negativ beeinflussen, d.h. jeweils erfolgreich sein oder nicht. Da der Mensch sich ändert, ändern sich auch seine Kriterien und Deutungen.

In der Literaturwelt ist es nicht anders, wobei hier ein Erfolgskriterium ins Spiel kommt, das die künstlerischen Aspekte zumindest zeitweise überlagert: das kommerzielle. Eine literarische Deutung, die auf große Resonanz beim Publikum trifft, gilt als erfolgreich: Der Autor verdient Geld, Respekt, vielleicht Ruhm. Das Buch wird zum Markenartikel, sein Wert per Auflagenhöhe bestätigt. Eine erfolgreich durchgesetzte Deutung kann über Jahrzehnte – solang der Verkauf läuft – gültig scheinen, auch wenn Autor und Verhältnisse sich geändert haben. Auch hier bedingen Deutungen einander, und auch hier gibt es erstaunliche Varianten: Mancher Autor schießt sich eine Kugel in den Kopf, weil er seinem öffentlichen Bild nicht mehr entsprechen zu können glaubt; ein anderer, weil nie ein öffentliches Bild von ihm entstand. Autoren werden von ihrem Erfolg beeinflußt, ganz gleich ob sie sich damit identifizieren oder nicht. Sie, die Urheber von Geschichten, werden Teil von Geschichten, in denen das Publikum mitspielt. Auch hier geht es um Sehnsüchte, Strategien, Ängste, auch hier geht es um Wahrheit, und bei unseren drei Autoren ist es nicht anders.

Alfred Andersch starb, bevor *Der Vater eines Mörders* erschien. Er konnte den Erfolg seiner Geschichte nicht mehr genießen, hat ihn aber wohl vorhergesehen: einem Freund gegenüber kündigte er das Buch als »politische Bombe«[56] an. Während sich ein Teil von ihm (die meiner These nach höchste Instanz, der Künstler) qualvoll an Versagen und Schuld aufrieb, spekulierte ein anderer Teil (der Literaturprofi) realitätssicher auf den Effekt einer These, die ein weiterer Teil von ihm

(der Moralist) im *Nachwort für Leser* entschieden zurück-
wies.[57] Die Geschichte seines Buches hat weitere ironische
Züge: Ausgerechnet mit dem *Vater eines Mörders* hat der
ehrgeizige Autor, der sich nie genügend anerkannt fühlte, bei
Feuilleton und Publikum seinen vielleicht größten Erfolg er-
zielt – ausgerechnet mit dieser mühsamen Erzählung, ausgerechnet postum.

Umso glücklicher beeinflußte *Die Blechtrommel* das Schicksal des Günter Grass. Sie machte den Zweiunddreißigjährigen
mit einem Schlag berühmt, wurde weltweit eines der erfolg-
reichsten Bücher der letzten fünf Jahrzehnte, millionenfach
verkauft, verfilmt und auch als Film preisgekrönt, der Autor
erhielt mit dem Nobelpreis höchste literarische Weihen. Nun
glaube ich folgende Beobachtung gemacht zu haben: Grass, der
im Buch eine virtuelle Untäuschbarkeit inszeniert hatte, sah
durch den Erfolg seine persönliche Untäuschbarkeit bestätigt.
Vielleicht wurde er auch in diese Rolle gedrängt: Jedenfalls hat
er seitdem gern seine Umwelt belehrt und nach Bedarf die
Regierungen nicht nur Deutschlands (Ost und West) getadelt,
sondern auch die Amerikas, Israels, Rußlands – ohne sichtbaren Selbstzweifel, um es kritisch zu formulieren. Um es positiv
zu formulieren: Er wurde ein ruheloser Moralist, warf seine
Autorität in die Waagschale, wo immer er Mißbrauch und Tyrannei witterte, und sah sich als Autor grundsätzlich staatsbür-
gerlich gefordert. Ein weiterer interessanter Effekt: Er, dessen
Auftritt in der *Blechtrommel* noch von großspurigem Zynismus geprägt war, vertrat politisch ohne Zynismus die Seite von
Humanität und Demokratie. War der Zynismus nur ein Werk-
zeug gewesen, der Epoche zu begegnen? Oder hat das Buch
dem Autor geholfen, jene Seite in sich abzuarbeiten? Hat das
am Ende der Erfolg vollbracht? Auch die mittelbaren Folgen
gehören zu den Geheimnissen der erzählenden Deutung.

Marcel Reich-Ranicki hat seine Autobiographie zwar erst
als alter Mann geschrieben, darin aber eine Deutung ausfor-
muliert, die ihn seit Jahrzehnten bestimmte, so daß man auch

diese Deutung schicksalhaft nennen kann. Sie geht von einer elementaren Opfererfahrung aus, und ihr Fundament ist ein Opferstatus, der die Illusion absoluter Unschuld und moralischer Überlegenheit ermöglicht. Auch das ist ein grandioses Konzept, von dem der Autor sich nie mehr trennte: Noch als mächtigster Mann des deutschen Literaturbetriebs hat er sich als Opfer gefühlt und geführt. Das wirkte sich doppelt aus: Es machte jeden Widersacher zum moralisch unterlegenen Aggressor, schürte auch dadurch Aggression und bestätigte die Opfer-Ideologie. So kam es, daß der im Tagesgeschäft längst unangreifbar gewordene Reich-Ranicki sich weiterhin mißverstanden und bedroht fühlte. Die Autobiographie wurde zur ultimativen Deklaration dieses zweischneidigen Konzepts: Sie zeigt seinen Preis – Beobachtungs- und Beziehungsschwäche, Einsamkeit – wie seine suggestive Gewalt. Mit diesem bei Publikum wie Presse unangefochten erfolgreichen Buch erreichte der Kritiker den Höhepunkt seiner Karriere.

Der heutige Leser aller drei Bücher hat es mit Deutungen zu tun, deren Qualität durch ihren Erfolg beglaubigt scheint. Daran ist nichts Schlechtes, es gehört zum Übergaberitual zwischen den Generationen. Die jüngere Generation prüft das von der älteren Empfohlene, um es zu übernehmen, zu bekämpfen oder zu verwerfen – meist wird sie es modifizieren. Wenn sich im Fall unserer drei Bücher die Rezeption kaum geändert hat, zeugt das von einer partiellen Stagnation unseres Bewußtseins. Daß ausgerechnet bei diesem gravierenden Thema die frühesten, schlichtesten Notdeutungen ungeprüft übernommen werden, scheint mir ein Hinweis darauf, wie tief der Schock noch sitzt. Freilich: Spätere Zeugnisse aus erster Hand haben wir nicht, und jüngere Autoren, die diese Epoche nicht erlebt haben, werden uns kaum Triftiges darüber mitteilen können. Wir Leser können aber, wie ich gezeigt habe, bei genauem Hinsehen aus den Werken der Älteren vieles lernen, was bisher übersehen wurde, und dadurch vielleicht etwas weiter kommen. Radikale Erkenntnis der menschlichen Dinge ist uns wohl nicht gegeben, nicht nur, weil wir darüber verzweifeln müßten. Aber zwischen radikaler Erkenntnis und den Konzepten unserer Autoren gibt es großen Deutungsraum, den wir nutzen sollten. Unter anderem weist uns die Sprache der drei Bücher verblüffend klare Wege dorthin.

Ich habe, um meinen Ansatz zu erklären, ein paar dieser Wege analysierend beschritten. Sicherlich gibt es weitere, wobei die Grenzen der Erkenntnis nicht in der Sprache der Autoren liegen, sondern im Betrachter. Das gilt auch für mich. Ich bilde mir nicht ein, jeweils das letzte Wort zu sprechen. Das letzte Wort über diese Bücher wird gesprochen sein, wenn keiner mehr über sie spricht.

»Sie fanden Oskar nicht, weil sie Oskar nicht
gewachsen waren«
Die Blechtrommel von Günter Grass 115

Nachwort 169

Anhang

1 Das genaue Zitat lautet: »Gegen den Positivismus, welcher bei den Phänomenen stehenbleibt, ›es gibt nur Tatsachen‹, würde ich sagen: nein, gerade Tatsachen gibt es nicht, nur Interpretationen. Wir können kein Faktum ›an sich‹ feststellen: vielleicht ist es Unsinn, so etwas zu wollen.« Friedrich Nietzsche, *Der Wille zur Macht. Versuch einer Umwertung aller Werte*. Alfred Kröner Verlag, Leipzig 1919, S. 158f, Nr. 276.

2 Franz Grillparzer, *Selbstbiographie*. J.G. Hoof-Verlag, Warendorf o.J., S. 108. Alle folgenden Zitate, sofern nicht anders vermerkt, ebd. S. 108–110.

3 Protokoll der Leichenkammer: »NB. hat sich erhängt.« zitiert nach: Heinz Politzer, *Franz Grillparzer oder das abgründige Biedermeier*, Paul Zsolnay Verlag, Wien-Darmstadt 1990.

4 Zit. von Hanns Sachs in »Die Motivgestaltung bei Schnitzler«, *Imago* 2/1913.

5 Sigmund Freud, *Zur Psychopathologie des Alltagslebens*, Wien, Psychoanalytischer Verlag 1929, S. 62, 65.

6 Vgl. *Süddeutsche Zeitung* vom 24.9.2002.

7 Uriella sagte das vor Gericht. Sie war der fahrlässigen Tötung angeklagt, nachdem zwei ihrer Anhänger, denen sie den Arztbesuch verboten hatte, an Bagatellinfektionen gestorben waren. *Süddeutsche Zeitung* vom 7.5.1996.

8 Naturalismus, eine Ende des 19. Jahrhunderts entstandene Stilrichtung, versuchte die sinnliche, physische, auch die harte soziale Wirklichkeit genau abzubilden. Ihr Protagonist Emile Zola (1840–1902) strebte eine quasi wissenschaftliche Darstellung des Lebens an, in die nicht nur Milieu und Psychologie, sondern auch Vererbung und Physiologie einbezogen waren. Zolas ungeschminkte Darstellung sozialen Elends mag damals den bürgerlichen Lesern vorgekommen sein wie die rohe Natur selbst. Dennoch war sie ebensowenig Natur wie jede andere künstlerische Deutung.

9 Etwa *Harry Potter, Herr der Ringe*, um die prominentesten Beispiele zu nennen.

10 Diese Beobachtung habe ich erstmals bei George Orwell gelesen: »Die Atmosphäre einer Ideologie ist für die Prosa immer verderblich und für den Roman, die anarchistische literarische Form, geradezu der Ruin. Wie viele gute römische Katholiken haben gute Romane geschrieben? Selbst die Handvoll, die man nennen könnte, waren gewöhnlich schlechte Katholiken. Der Roman ist tatsächlich eine protestantische Kunstform. Er entsteht nur in geistiger Freiheit, als Schöpfung eines selbständigen Individuums.« In: George Orwell, *Im Inneren des Wals*. Diogenes Verlag, Zürich 1975, S. 134. Ich halte den Roman für eine ebensowenig protestantische wie katholische Kunstform; dem anderen stimme ich dankbar zu. Ihre geistige Freiheit macht gute Romane ideologisch suspekt. Wohin Erkenntnis führt, ist nicht planbar. Deswegen zensieren alle totalitären und autoritären Systeme Literatur. Ich gebe zu, von der romantischen Implikation, daß gerade die unvoreingenommene individuelle und tiefe Deutung Tyrannei und Totalitarismus widerlege, beeindruckt zu sein.

11 »Jeder Versuch, die Grundlagen menschlicher Erkenntnis zu legen, unterliegt dem sogenannten *hermeneutischen Zirkel*: das, dessen Grundlagen man legen will, ist ›immer schon‹ da und mischt sich in das Grund-Legen ein, z. B.

wir denken darüber nach, was ›Leben‹ sei, und leben selber
wir denken über Materie nach und sind dabei selbst Materie, können ohne sie nicht denken
wer die gangtreueste aller Uhren bauen will, muß sich auf Erkenntnisse und Verfahren stützen, die mit weniger guten Uhren gewonnen wurden
wer die Grundlagen des Zählens legen will, hat immer schon gezählt
wer die Grundlagen des Denkens legen will, denkt bereits
wer das Abstrahieren per Äquivalenzklassenbildung definieren will, denkt bereits hochabstrakt.«

In: Konrad Jacobs, *Der Aufbau der Mathematik*. Vieweg-Verlag, Braunschweig/ Wiesbaden 1990, S.174f)
Ich füge die Anmerkung hinzu, daß das Dilemma bereits in der Formulierung »Grundlagen legen« enthalten ist.

12 Der Begriff Ästhetik kommt vom griechischen *aisthesis*, sinnliche Wahrnehmung.

13 Friedrich Schillers Satz »Alle Vorstellungen also, wodurch wir Übereinstimmung und Zweckmäßigkeit erfahren, sind Quellen eines freien Vergnügens« in: *Über den Grund des Vergnügens an*

tragischen Gegenständen scheint dem zu entsprechen. Allerdings meint Schiller die *moralische* Zweckmäßigkeit und Übereinstimmung mit dem Sittengesetz. Friedrich Schiller: Gesammelte Werke in fünf Bänden, herausgegeben von Jost Perfahl, Winkler Verlag, München 1968. Band V, S. 133.

14 Alfred Andersch, *Der Vater eines Mörders*. Diogenes Verlag, Zürich 1982. S. 13.

15 Heinrich Himmler (1900–1945) wurde 1929 Reichsführer SS, 1939 Reichskommissar für die Festigung des deutschen Volkstums und 1943 Reichsminister des Inneren; er vergiftete sich 1945. Berüchtigt wurde er für seine Posener Rede vor SS-Generälen im Oktober 1943: »Ich meine jetzt die Judenevakuierung, die Ausrottung des jüdischen Volkes […] Von Euch werden die meisten wissen, was es heißt, wenn 100 Leichen beisammen liegen, wenn 500 daliegen oder wenn 1000 daliegen. Dies durchgehalten zu haben, und dabei – abgesehen von Ausnahmen menschlicher Schwächen – anständig geblieben zu sein, das hat uns hart gemacht.«

16 Zitiert nach: *Der Vater eines Mörders. Texte und Interpretationen*, C. C. Buchners Verlag, Bamberg 1995, S. 71.

17 Alfred Andersch, *Die Kirschen der Freiheit*. Ein Bericht. Diogenes Verlag, Zürich 1971, S. 46.

18 Alfred Andersch, *Deutsche Literatur in der Entscheidung. Ein Beitrag zur Analyse der literarischen Situation*. Verlag Volk und Zeit, Karlsruhe 1948, S. 24.

19 Alfred Andersch, *Die bitteren Wasser von Lappland*, Hörspiel NDR, Sendedatum 05. 11. 1953. Zitiert nach: Stephan Reinhardt, *Alfred Andersch*. Diogenes Verlag, Zürich 1990, S. 9.

20 Auf S. 48 wird zum Beispiel die Erwartung eines Himmler-Wutausbruchs so beschrieben: »In dem sowieso aschfahlen Klassenzimmer hingen jetzt die bleichen Tücher von Reglosigkeit und Totenstille, sogar das Frühsommerlicht […] brach sich auf einmal an den Fensterscheiben, kam nicht mehr herein.« Ein Mensch kann die Naturgesetze nicht außer Kraft setzen. Wer ihm das zuschreibt, hebt ihn, ob im Guten oder im Bösen, aus dem Menschenmaß heraus.

21 Siegmund Freud, *Zur Psychopathologie des Alltagslebens*. Fischer Taschenbuch Verlag, Frankfurt 2002, S. 338.

22 Stephan Reinhardt, *Alfred Andersch*. Diogenes Verlag, Zürich 1990, S. 60.

23 *Die Kirschen der Freiheit*, S. 90.

24 Reinhardt, S. 82. Angelika Andersch überlebte den Nationalsozia-

lismus mit dem gemeinsamen Kind im Allgäu; ihre Mutter wurde nach Theresienstadt deportiert und kam dort um.

25 Reinhardt, S. 84.

26 Reinhardt, S. 625.

27 Im Original: »Prevented from free writing, up to now, my wife being a mongrel of jewish descent [...] and by my own detention in a German concentration-camp for some time, these papers and diaries contain the greatest part of my thoughts and plans collected in the long years of oppression.« Kriegsgefangenenakte (8.10. 1944), Archiv der Deutschen Dienststelle, Berlin. Zitiert nach W.G. Sebald, »Der Schriftsteller Alfred Andersch«, in: *Luftkrieg und Literatur.* Carl Hanser Verlag, München 1999, S. 136f.

28 *Literarische Welt*, 16.04.2005.

29 Zit. nach Stephan Reinhardt, a.a.O., S. 613.

30 Zitiert von Diogenes Verlag auf dem Umschlag der genannten Ausgabe; Sendemanuskript nicht erhältlich.

31 Vgl. Endnote 30.

32 *Der Spiegel* 34/1980.

33 *Süddeutsche Zeitung* vom 28./29.07.1980.

34 Vgl. Endnote 30.

35 Marcel Reich-Ranicki, *Mein Leben*. Deutscher Taschenbuch Verlag, München 2000, S. 11.

36 Eigentlich müßte es »lebenslange« heißen. Marcel Reich-Ranicki Lexik geht oft ins Dramatische.

37 Das Wort »Busen« meint ursprünglich die Einsenkung zwischen den Brüsten. Als Bezeichnung für die weibliche Brust zusammen mit dem Adjektiv »stattlich« handelt es sich um eine Sprachfigur aus dem Fundus des Trivialromans.

38 Persönliche Rede in Autobiographien ist fast immer Rekonstruktion. Das ist normal, der Autobiograph lief schließlich nicht mit einem Tonbandgerät herum. Aufschlußreich ist jeweils die deutende Tendenz.

39 Nicht gekennzeichnetes Zitat. vgl. Shakespeare, *Hamlet*, Fünfter Aufzug, 1. Szene. »Ich kannte ihn, Horatio, ein Bursch von unendlichem Humor, voll von den herrlichsten Einfällen [...]« Übersetzt von August Wilhelm von Schlegel. In: Shakespeare, Sämtliche Werke, herausgegeben von Erich Loewenthal. Verlag Lambert Schneider, Heidelberg 1978. Band III, S. 569.

40 Günter Grass, *Die Blechtrommel*. Ungekürzte Lizenzausgabe der RM Buch und Medien Vertrieb GmbH, Ulm 1999. S. 9.

41 Originalzitat: »Am 28. August 1749, mittags mit dem Glocken-

schlage zwölf, kam ich in Frankfurt am Main auf die Welt. Die Konstellation war glücklich; die Sonne stand im Zeichen der Jungfrau, und kulminierte für den Tag; Jupiter und Venus blickten sie freundlich an, Merkur nicht widerwärtig; Saturn und Mars verhielten sich gleichgültig: nur der Mond, der soeben voll ward, übte die Kraft seines Gegenscheins um so mehr, als zugleich seine Planetenstunde eingetreten war. Er widersetzte sich daher meiner Geburt, die nicht eher erfolgen konnte, als bis diese Stunde vorübergegangen.

Diese guten Aspekten, welche mir die Astrologen in der Folgezeit sehr hoch anzurechnen wußten, mögen wohl Ursache an meiner Erhaltung gewesen sein: denn durch Ungeschicklichkeit der Hebamme kam ich für tot auf die Welt, und nur durch vielfache Bemühungen brachte man es dahin, daß ich das Licht erblickte. Dieser Umstand, welcher die Meinigen in große Not versetzt hatte, gereichte jedoch meinen Mitbürgern zum Vorteil, indem mein Großvater, der Schultheiß Johann Wolfgang Textor, daher Anlaß nahm, daß ein Geburtshelfer angestellt, und der Hebammenunterricht eingeführt oder erneuert wurde; welches denn manchem der Nachgebornen mag zugute gekommen sein.« Johann Wolfgang von Goethe, *Aus meinem Leben. Dichtung und Wahrheit*. Erstes Buch, in: Goethes Werke, Band IX, Autobiographische Schriften I, C. H. Beck Verlag, München 1998, S. 10.

42 Später erfahren wir, »daß Oskar, […] trotz sparsam bemessener Körpergröße ein Geschlechtsteil mit sich führte, welches sich notfalls mit jedem anderen, sogenannten normalen männlichen Attribut hätte messen können.« (612)

43 Joachim Kaiser: »Allen [Geschehnissen dieses Romans] ist eine Amoralität (nicht Unmoralität!) eigentümlich, […] eine gläserne, mitunter belustigte, belustigende Ferne von jeglicher humanistischen Attitüde.« (in: *Süddeutsche Zeitung*, München, 31. 10./1. 11. 1959. Zitiert in: Gert Loschütz, *Von Buch zu Buch. Günter Grass in der Kritik*. Luchterhand Verlag, Neuwied und Berlin 1968, S. 13.)

44 Hans Magnus Enzensberger: »Die Blechtrommel kennt keine Tabus. […] Was [Grass'] brüske Eingriffe legitimiert, ja zu künstlerischen Ruhmestaten macht, ist die vollkommene Unbefangenheit, mit der er sie vornimmt. Grass jagt nicht, wie Henry Miller, hinter dem Tabu her: er bemerkt es einfach nicht.« in: Süddeutscher Rundfunk, 18. 11. 1959. Zit. ebd. S. 10.

45 Hans Jakob Christoffel von Grimmelshausen: *Der Abenteuerliche*

Simplisissimus Teutsch. Deutscher Taschenbuch Verlag, München 1975, S. 16.

46 »Bonbon« war in der DDR auch unter Erwachsenen ein Jargon-Ausdruck für Parteiabzeichen. Ich habe aber keinen Hinweis gefunden, daß er das schon zur Nazizeit gewesen wäre.

47 Joachim Kaiser: »Dem Rätsel dieses Buches kommt man auf die Spur, wenn man zu begreifen sucht, was alles sich der Autor versagt. Dann stellt sich nämlich heraus, daß Oskar – so gescheit er ist – mit den mitleidslosen Augen eines Kindes die Welt erfährt.« (in: *Süddeutsche Zeitung*, München, 31. 10./1. 11. 1959, s. Anm. 42)

48 Hans Magnus Enzensberger: »[Grass hat] kein schlechtes Gewissen […], […] für ihn [ist] das Schockierende zugleich das Selbstverständliche […]. Dieser Autor greift nichts an, beweist nichts, demonstriert nichts, er hat keine andere Absicht, als seine Geschichte mit der größten Genauigkeit zu erzählen. Diese Absicht setzt er freilich um jeden Preis und ohne die geringste Rücksicht durch. Der Skandal, der darin liegt, ist letzten Endes an keinen Stoff gebunden: er ist der Skandal der realistischen Erzählweise überhaupt.« (s. Anm. 43)

49 Michael Jürgs, *Bürger Grass. Biographie eines deutschen Dichters*. C. Bertelsmann Verlag, München 2002.

50 Ebd., S. 42. Die Szene, in der Oskar die Nazi-Parade aufmischt (s. S. 146ff), wirkt wie eine gewissermaßen moralisch »gekonterte« Rekapitulation dieser Erinnerung.

51 Ebd., S. 47.

52 Ebd., S. 56.

53 Ebd., S. 56.

54 Ebd., S. 58.

55 Ebd., S. 58.

56 Stephan Reinhardt, a.a.O., S. 624.

57 »Um die allergröbste Mißdeutung auszuschließen: niemand soll denken können, ich habe mit *Der Vater eines Mörders* die Sippe der Himmlers behaftet.« Andersch, *Der Vater eines Mörders*, S. 135f.

58 Friedrich Hitzer, zit. bei Stephan Reinhardt, a.a.O., S. 624

59 »[…] um die allergröbste Mißdeutung auszuschließen: niemand soll denken können, ich habe mit *Der Vater eines Mörders* die Sippe der Himmlers behaftet.« Andersch, *Der Vater eines Mörders*, S. 135f.

PIPER

Annette Pehnt

Haus der Schildkröten

Roman. 192 Seiten. Gebunden

»Eine abgründige Anmut kennzeichnet Annette Pehnts Prosa. Federleicht kommt sie daher«, schreibt die NZZ über sie. Nun legt Annette Pehnt ihren dritten Roman vor, ein Buch über ein großes Tabu, das Ende unseres Lebens und das Sterben: Die meisten kommen am Wochenende, gut frisierte Töchter und Söhne, Schwiegertöchter und Enkel mit geputzten Schuhen. Schuld, Scham, Fürsorge und Peinlichkeit treiben sie her ins Altersheim »Haus Ulmen«, in das Leben zwischen Kirschkuchen und Hohem C. In Haus Ulmen herrschen eigene Spielregeln, vergeht die Zeit anders als in der Welt draußen. Hier, wo das Leben zerfasert, herrscht das endgültige Jetzt. Das spürt auch Ernst, der seinen Vater besucht, den Professor. Immer dienstags kommt er ins Haus Ulmen, genau wie Regina. Überrascht, leidenschaftlich klammern die beiden sich aneinander.

01/1562/01/R

PIPER

Die Besten 2006

Klagenfurter Texte

Herausgegeben von Iris Radisch. Mit einem Vorwort von
Iris Radisch. ca. 224 Seiten mit 5 Abbildungen.
Klappenbroschur

Zum dreißigsten Mal wurde in diesem Jahr die wichtigste
Auszeichnung für deutschsprachige Literatur verliehen.
Die Besten 2006 präsentiert die zehn besten Autoren des
Wettbewerbs – junge Literatur, die interessiert und provo-
ziert.
Die Besten 2006 enthält Texte von Kathrin Passig, Bodo
Hell, Norbert Scheuer, Angelika Overath, Paul Brodowsky,
Thomas Melle, Clemens Meyer, Annette Mingels, Dirk
von Petersdorff und Kevin Vennemann.
Herausgegeben von Iris Radisch, beinhaltet dieser Band
außerdem ein Porträt der Preisträgerin Kathrin Passig von
Elmar Krekeler, die *Klagenfurter Rede zur Literatur* von
Raoul Schrott und einen ausführlichen Pressespiegel.

01/1575/01/R

Mehr bedarfs nicht –
12 mal 12 beste deutsche Gedichte

Herausgegeben und mit einem Vorwort von Jürg Amann.
256 Seiten. Gebunden

Rilke konnte es, Bachmann auch: Zwölf vollkommene Gedichte muß ein Dichter schreiben, um unsterblich zu werden. Zwölf Dichtern ist es gelungen: Beginnend in der Klassik
mit Johann Wolfgang von Goethe und endend im 20. Jahrhundert, versammelt der vorliegende Band unsterbliche Gedichte, die jeder kennen sollte: Über die romantischen und
doch so widersprüchlichen Gedichte Hölderlins und Mörikes
und die großen Balladen C. F. Meyers bis zu den Expres-
sionisten Georg Trakl und Gottfried Benn spannt sich der Bo-
gen dieser Sammlung, die mit Celan, Lasker-Schüler und
Ingeborg Bachmann schließt. Selbstbewußt und provokant
folgt der Schweizer Dichter und Romanautor Jürg Amann
seiner originellen Idee des zwölf mal zwölf und präsentiert die
144 besten Gedichte der deutschsprachigen Lyrik: Mehr
bedarfs nicht!

01/1576/01/R